U0381268

新时代社区思想教育概论

朱忠彪 著

九州出版社
JIUZHOUPRESS

图书在版编目（CIP）数据

新时代社区思想教育概论 / 朱忠彪著. -- 北京 : 九州出版社, 2022.10

ISBN 978-7-5225-1225-9

Ⅰ. ①新… Ⅱ. ①朱… Ⅲ. ①社区教育－思想政治教育－研究－中国 Ⅳ. ①D64

中国版本图书馆 CIP 数据核字（2022）第 189369 号

新时代社区思想教育概论

作　　者　朱忠彪 著
责任编辑　刘　嘉
出版发行　九州出版社
地　　址　北京市西城区阜外大街甲 35 号（100037）
发行电话　（010）68992190/3/5/6
网　　址　www.jiuzhoupress.com
印　　刷　成都市兴雅致印务有限责任公司
开　　本　787 毫米 ×1092 毫米　16 开
印　　张　16.5
字　　数　214 千字
版　　次　2023 年 1 月第 1 版
印　　次　2023 年 1 月第 1 次印刷
书　　号　ISBN 978-7-5225-1225-9
定　　价　89.00 元

★版权所有　侵权必究★

自序

思想是新时代社区教育的灵魂

在国家治理现代化视域中，社区是国家治理的基本单元和应对社会主要矛盾变化的基层场域。社区治理关乎党的方针政策的贯彻落实、基层社会的稳定和谐与千家万户的切身利益。加强社区教育，是创新和发展基层社会治理的基础工程，是推进基层社会治理体系治理能力现代化的重要组成部分。

新时代社区教育要坚持教育的本质属性。社区教育本质上是教育人、培养人和引导人，脱离了教育这个根本属性的社区教育就是空洞乏力的形式主义。社区教育之所以是基层社会治理的重要手段，也正是基于社区教育对促进人的全面发展而言的。人的发展关键在思想，人因思想而伟大，国因思想而强盛。正是从这个意义上，革命导师恩格斯断言：一个没有理论思维的民族，是不可能站在科学最高峰的。思想作为人类对自身和外部世界生存价值和生命意义进行深度思考和不懈探究的精神产物，标志着一个民族对自身认识所达到的高度，体现着一个民族心智发育和理性成熟的程度。一个人可以没有理论思维和思想活动，但一个民族如果丢弃了先进思想和科学理论，就会迷失方向、误入歧途、走向灾难。社区教育就要立足于培养人的根本目标，着眼思想之于人的至关重要性，始终坚守思想育人的发展取向和价值追求。

新时代社区教育必须肩负起思想教育的重大责任和历史使命，始终紧扣思想教育这个中心，准确把握思想教育的特有规律和时代特点，推进社区教育高质量发展。人类文明史表明，人类社会的每一次重大变革，都离不开先进思想的引领和驱动，正如德国著名诗人海涅所说：思想走在行动之前，就像闪电走在雷鸣之前一样。思想与时代是水乳交融的，任何思想都不能脱离它所处的时代，任何时代都不能缺少科学理论和先进思想的引领和统摄。人的思想构成是多元多样的，思想的表现形态是丰富多彩的，人的思想只有与国家民族命运同脉搏、与时代发展同搏动，才会迸发出磅礴的力量。新时代社区教育首要的任务就是，立足基层社区广大居民群众的思想需求，把思想政治教育贯穿于社区教育全过程，充分发挥提供强大而丰富的精神产品的功能作用。这也正是社区教育在新时代的真正价值所在。

新时代社区教育必须高举思想教育的大旗，唱响当代马克思主义的主旋律，切实发挥新的伟大思想武装人们头脑、指导社会实践、推动事业发展的特殊作用。习近平新时代中国特色社会主义思想植根于中国大地，回应了人民群众的意愿和呼声，适应新的时代走势和当代中国发展新要求，是源于实践、经过实践检验又指导实践的强大思想武器，是实现中华民族伟大复兴的领航灯塔。党的十九大将习近平新时代中国特色社会主义思想确立为我们党必须长期坚持的指导思想，实现了党的指导思想的又一次与时俱进。习近平新时代中国特色社会主义思想，深得马克思主义哲学的涵育与滋养，蕴含着辩证唯物主义和历史唯物主义的世界观和方法论，闪烁着马克思主义科学思想的光辉，是当代中国时代精神的精华，深刻系统地回答了新时代坚持和发展什么样的中国特色社会主义、怎样坚持和发展中国特色社会主义这一重大课题，丰富和发展了马克思主义关于推动社会历史发展应坚持尊重客观规律与发挥主观能动性辩证统一的基本原理，具有鲜明的时代性、实践性和真理性。要明确把习近平新时代中国特色社会主义思想作为社区教育的核心内容，贯彻好、落实好，切实增强新时代社区教育的实践性、思想性、人民性、真理性和科学性。

思想解放是时代进步的巨大推力。当思想的分量与比重成为社区教育的主要指标与核心要义时，也就意味着社区教育驶上了高质量发展的时代轨道。当思想教育成为社区教育的主要内容和实践载体的时候，也就标志着社区教育内涵发展确立了正确的行动指南和目标指向。可以预见，思想教育内涵赋能必将推动新时代社区教育呈现出蓬勃生机和无穷活力，开启社区教育发展的崭新篇章。

目录

绪论

第一部分　概念与内涵篇

第三部分　研究与探索篇

第四部分　实践与案例篇

绪 论

“欲事立，须是心立。”思想建党是我们党的优良传统和政治优势，也是执政党治国安邦的核心所在。习近平总书记在党的十八届六中全会上深刻指出，加强思想教育和理论武装，是党内政治生活的首要任务。思想教育根本性的特质，为我们在新时代依托社区教育对社区居民开展思想教育，推进基层治理现代化指明了方向、提供了重要遵循。

一、新时代社区思想教育研究的背景

（一）社区教育的缘起

我国现代社区教育作为一种社会教育形态，相对于学前幼儿教育、基础义务教育、职业技术教育、普通高等教育等传统教育形式，无论是产生的时间、所处的领域，还是教育实施的方式，都还是一种教育的新样态。社区教育是从国外传入我国的一种教育形式，尽管此之前我国推行过的平民教育和扫盲运动，都属于社区教育的范畴，但真正以社区教育命名的新的大众教育还是近三十年的事情。

西方社区教育在全球处于领先地位，西方教育史上许多社区教育思想和社区教育的开展形式都对后世的社区教育产生了深远的影响，许多教育家关于大众教育、平民教育、终身教育的思想构成了后世社区教育的理论基础。这种教育形式目前在美国、日本、英国、瑞典、丹麦等国家发展水平最高，日本的公民馆、瑞典的学习圈、英美的社区教育立法都对本国的社区教育起到了很好的推动作用。① 西方国家在社区教育方面的发展一方面得益于本国政治、经济、文化发展水平高，另一方面也得益于教育学家们在教育特别是社区教育方面的研究和提倡。因此研究西方教育史上关于社区教育的思想和形式有助于我们探究西方社区教育的源和流，也有助于给我国社区教育准确定位。②

（二）社区教育的借鉴与启发

20 世纪 80 年代初，改革开放大幕开启，我国提出了“教育要面向现代化、面向世界、面向未来”的教育指导方针。“面向现代化”，是指教育能够全面适应社会主义现代化建设的需要，提高劳动者素质，培养造就一代又一代合格的社会主义建设者和接班人。“面向世界”，是指教育的改革和发展要符合世界发展潮流，积极借鉴世界各国教育改革和发展的有益经验，为我所用。“面向未来”，是指教育要着眼长远，面向未来的挑战，不断改革教育体制和教育结构、更新课程教材内容、改进教学方法和手段。“三个面向”是改革开放的总设计师邓小平分析国内外教育发展形势，对我国教育事业发展前景作出的科学概括，为我国教育改革和发展指明了方向、明确了任务。“三个面向”的开放思维，使得我国教育方式、教育理念逐渐与国际接轨，这也为社区教育在我国的全面开展提供了方向指引和政策支持。

随着改革开放的深入推进，我国教育改革向纵深发展，推动着教

① 侯怀银．社区教育 [M]. 北京：北京师范大学出版社，2015：1—7.
② 叶忠海．社区教育学基础 [M]. 上海：上海大学出版社，2000：6.

育理论的不断创新，终身教育理论就是其中的重要成果之一。终身教育理念丰富了社区教育的内涵，使社区教育实现了时间概念与空间概念的统一。

何谓终身教育？终身教育是贯穿于人的一生的多种教育形式的有机统一。终身教育以发现和发挥人的潜力、培养全面发展的新人为目标，要求实现教育的民主化，实现教育机会均等，解决教育机会不平等的问题。它所依存的理论与实践支柱是：学会认知，将掌握足够广泛的普通知识与深入研究少数学科结合起来，从终身教育提供的种种机会中受益；学会做事，不仅获得专业资格，而且要获得能够应付许多情况和集体工作的能力；学会共同生活，以尊重多元性、加强相互了解和促进价值观的平等为出发点，增进对他人的了解和对相互依存问题的认识；学会生存，充分发展自己的人格，不断增强自己的自主性、判断力和责任感；综合开发和发挥人的记忆力、推理能力、美感、体力和交往能力等潜力。同时，终身教育要求和体现着教育与社会、教育与科技、教育与经济、教育与人生的互渗、互动和协调发展，要求深刻地改革传统的学校教育制度，改革学校教育的内容和方法，改革现行的学校考试制度及其他制度；要充分利用现代科技手段及其提供的可能方式，组织和实施多种形式的学校教育、家庭教育和社会教育。这就体现出终身教育是一个由多种多样的教育形式有机地统一在一起的教育系统，它不仅贯穿于人的一生，而且能满足人的全面发展和社会健全发展的多种多样的需要。总之，终身教育理论的提出和发展，是教育思想和教育观念上的重大发展和深刻变革。

社区教育“面向社会、面向人人”的基本社会属性，兼具终身教育终身性、全民性、广泛性、灵活性和实用性的特点，是实现学习教育和社会教育相结合的一种优化教育方式，是实现终身教育的趋势所向。社区教育的有效发展，成了终身教育中的促进力量，是使教育面向社会的重要发展途径。由此可见，社区教育本质上是一种区域全面终身教育。

（三）社区教育内涵发展的趋势

我国社区教育从20世纪80年代起步，经过90年代的发展，特别是自1999年《面向21世纪教育振兴行动计划》提出开展社区教育实验工作以来，国家、省、市三个层面的社区教育实验区蓬勃发展。从2001年开始，至今已经公布六批（含增补）共228个全国社区教育实验区。随着社区教育实验与示范工作的全面推进，我国社区教育从萌芽期、发展期逐渐步入完善成熟期，社区教育的内涵发展被提上了议事日程，这是社区教育由注重面上量的全面铺开到注重质的认真考量的重要标志，也是社区教育从发展期转向完善成熟期的主要衡量标准。①

社区教育内涵发展的提出，为社区思想教育的发展提供了重要契机和理论基础。一定程度上说是社区教育内涵发展催生了社区思想教育。我国早期的社区教育处于教育理念的推广和普及阶段，更多关注的是试点示范、以点带面、全面铺开，其工作重心是社区教育的覆盖面问题，聚焦的是浅层次的“有没有”问题。及至社区教育落地生根，开花结果，并逐渐被广大社区群众所接受，社区教育内涵发展就成了社区教育发展新阶段的首要任务，着眼点是深层次的“好不好”的问题。

社区教育内涵发展，一方面，要在前期试点实验的基础上，进一步加强西方社区教育理念“中国化”的力度，科学辨析出哪些教育理念、教育观点经过试点实践是可行的、合理的，哪些是不合理、不可行、没有生命力的，要去粗取精巩固提升，实现社区思想教育植根本土的规范化、制度化。另一方面，社区教育要根据时代发展要求不断

---

① 张永.社区教育内涵发展论[M]，上海：上海教育出版社，2018：1—11.

丰富内涵。其中最为关键的问题有三：一是社区教育的目标任务是什么；二是社区教育一以贯之的主线、主题是什么；三是社区教育的核心内涵是什么。这三个问题决定着社区教育内涵发展的方向。社区教育在不同的发展阶段，有不同的具体目标任务，但其终极目标是促进人的全面发展和社区的可持续发展，社区教育这个目标指向是确定其内涵、内容的基本依据。从社区教育发展的趋势看，我国社区教育本身是一个动态发展的过程，这种动态性主要表现在不同的发展阶段内涵、内容各有侧重，总体来说，是经历了一个由相对单一到不断丰富、由相对模糊到逐渐清晰、由相对发散到聚焦集中的过程。

社区教育内涵发展具有理论和现实规定性，理论上看，社区教育无论怎么发展变化，其社会教育的根本属性、其终身教育的核心理念是没有是改变的，也是不能改变的，如果改变了也就不能称其为社区教育了。实践上看，社区教育内涵发展与社会的发展是紧密相连的，新的时代新的要求必然赋予社区教育新的责任和使命。《史记·管晏列传》说“仓廪实而知礼节，衣食足而知荣辱”，意思是当社会物质丰富到一定的程度后，精神的满足就成了社会发展的第一追求。当前，社区教育发展要随着我国社会主要矛盾的变化，不断强化其功能作用的精神力量，着力拓展其思想内涵，保证社区教育为社会的发展提供高质量的精神产品。

二、新时代社区思想教育产生的直接动因

（一）社区教育实践为新时代社区思想教育发展提供了现实条件

社区群体构成是复杂多样的，传统上社区居民接受思想教育的渠道和方式来自不同方面，有的是来自家庭、有的来自学校、有的来自单位和其他社会组织，思想教育具有分散性和不连贯性的特征，家庭不健全、失业者和自谋职业者等特殊群体，往往难以接受正规的思想

教育。而社区教育的发展为在社区居民中统一、系统地开展思想教育提供了一种全新的载体和模式，可以说社区思想教育是与社区教育相伴而生、同步发展的。进入21世纪，学习逐渐成为人的第一需要，成为人们的一种生活方式，为适应新的时代特征与要求，党的十七大作出了“发展远程教育和继续教育，建设全民学习、终身学习的学习型社会”的战略决策。习近平总书记在党的十九大报告中进一步强调：“办好继续教育，加快建设学习型社会，大力提高国民素质。”社区教育是构建终身教育的途径之一，是满足人民群众多样化学习需求、促进人的全面发展与社会文明进步的有效形式和重要载体。党和国家高度重视社区教育，已出台一系列支持、加快社区教育发展的政策性文件，将社区教育正式纳入教育事业的总体布局中，作为一项基础性的、普适性的、长效性的社会建设和民生工程。社区教育在全国范围内蓬勃发展，相互竞逐，各显风流。①

社区教育的全面推开，为社区思想教育的深入开展提供了新的思路和条件：一是对象的全面性。社区教育是一种开放式教育，在空间对象上具有全域性特点，在时间对象上具有终身性特点，是对全体社区居民的教育，覆盖了全体社会成员。社区思想教育以社区教育为载体，可以保证思想教育的覆盖面和渗透性。二是网络布局的系统性。我国社区教育已经形成了“纵向到底、横向到边”的网络化教育格局，为社区居民思想教育统筹管理、整合资源、整体推进构建了比较完备的网络体系。三是教育的共通性。在我国无论是何种教育形式，只要具有教育属性，在其施教的过程中就必须保证思想教育的全员性、全环节性、全过程性，社区教育作为终身教育体系的重要组成部分，具有鲜明的社会教育属性，在其推进过程中必须参照学校思政课教育的

---

① 蒋昌忠.湖南社区教育发展报告（2001—2018）[M].长沙：湖南人民出版社，2019：1—2.

模式，坚持思政课程和课程思政相结合，加强对社区群体的思想教育。这就为新时代社区思想教育集中、统一、系统发展提供了理论支持和现实可能。

（二）新时代社区思想教育是社区教育内涵发展的目标取向

社区教育的发展过程，实际上是对其教育本质属性和社会属性不断再认识、再深化的过程，也是内涵不断丰富发展的过程。2006年，国家标准化管理委员会对我国的社区教育进行了明确定义，即在社区中，开发、利用各种教育资源，以社区全体成员为对象，开展旨在提高成员的素质和生活质量，促进成员的全面发展和社区可持续发展的教育活动。这个定义，明确了社区教育的对象范围、手段途径、目标方向，特别是突出了“人的全面发展和社区可持续发展”，是社区教育的总目标，也是开展社区教育始终要把握的根本方向。教育的教育性规律要求，传授科学知识与思想教育相统一，教育者要通过知识技能的传授向学生进行思想政治教育和道德品质教育，社区教育“人的全面发展和社区可持续发展”目标的实现，强调既要把思想教育作为工作主线，又要把思想教育作为重要保障。

社区教育作为一种新的教育形式，在探索实践的过程中不可避免地存在着各种各样的问题，既有重视程度不同的认识问题，也有组织推进的管理体制问题，但更多的是社区教育本身目标性、科学性和思想性的问题。具体来看，存在的主要问题集中于三个方面：一是社区教育目标的全面性与认识的片面性的问题；二是社区教育行为的规范性与过程的随意性的问题；三是社区教育指向的思想性与实践的模糊性的问题。这些问题产生的根源，是对社区教育的个性特征和规律性缺乏准确的把握，从而影响了社区教育的实效性和整体功能的实现。随着社区教育从理论到实践的不断深化，人们对社区教育有了更深层次的认识和了解，社区教育的内涵不断丰富发展，社区教育的功能日趋拓展延伸，在此基础上，社区思想教育作为社区教育内容的重要组成部分和功能作用的实践载体，呈现出由隐性向显性发展的趋势，社区思想教育的主动性逐渐增强，其内涵内容、功能作用和实施途径逐步明晰，社区思想教育在社区教育社会化、文化性和服务性等方面渗透并外化。

（三）社区思想教育是社会转型发展与人的全面发展的客观需要

随着改革开放不断深入，社会主义市场经济体制逐步建立完善，我国城市管理体制改革进一步深化，城市管理重心随之下移，社区管理职责不断加强，社区教育成了基层治理现代化的一种重要手段和不可或缺的载体资源。实践中，社区教育的灵活性、适应性，在教育现代化、推进普通教育的进步与普及、发展高等教育并使更多的人有机会接受高等教育、发展职业教育、转岗培训等方面，已经显示了优势。特别是在基层社会治理实践中，基层党建创新载体、创新方式，通过社区教育来加强基层党的思想政治教育，扩大了思想教育对社区居民群众的凝聚力、影响力和思想引领力，有效夯实了社会发展的思想基础，社区思想教育在基层治理现代化和人的全面发展中的功能作用日渐凸显。

我国的改革开放是深层次的全面的变革，既是经济体制和管理体制的改革，也是人的再社会化过程。社会化是个人学习社会文化的过程，从出生起，个体就处在社会化之中。人的社会化是个多层面、多内容、多方向、多阶段的复杂结构。在人生的不同阶段，社会化的特点、内容、方式、功效均有不同。多种机构执行着社会化的职责，其中，教育系统是最系统化的强有力的影响因素之一，人们甚至认为，教育过程实质上就是人的社会化过程。社会化突出的一个特征就是对人的思想的教育引导，满足人的精神生活需求，使人的思想行为符合时代特点和社会规范要求，从而使人与社会发展相融、与社会环境合拍。新的时代，社区教育在满足辖区范围内各种对象的社会化方面负有重要责任，尤其是外来人口教育、失业人口教育方面，在老年人教育方面的社会化作用亦应引起重视。外来人口是社区教育对象中庞大的群体，他们的综合素质参差不齐，职业构成复杂多变，亟待构建起新的地缘关系、社交关系。社区教育在这一方面可以做许多工作。在企业改革不断深入，全社会日趋严重的就业压力面前，社区教育对调整待业者的心理，增强他们的心理承受能力，加强职业技能培训，增加就业的竞争能力方面，也可发挥很大的作用。这一系列社会矛盾都是社区教育所面临的客观现实，需要社区思想教育在“社会人”的再社会化过程中发挥出应有的作用。

三、本书内容的结构及特点

本书内容的基本逻辑结构是：先厘清社区思想教育的基本概念，包括由此衍生的社区思想教育的内涵与特点、功能与作用、组织与保障，力求呈现出新时代社区思想教育理论全貌；接着从矛盾论入手，研究社区思想教育目标实现的介质——方法与策略，立足于社区思想教育发展的内在矛盾和特有规律，探寻社区思想教育开展的具体方法措施，为社区思想教育的全面开展提供可资借鉴的行动方案；再是针对社区思想教育推进的实际情况，深入剖析社区思想教育融合推进的客观现状，研究探索路径前瞻；最后，以实践典型案例展示社区思想教育开展的成效和经验。

本书在广泛吸取国内外社区教育的研究成果，学习社区思想教育实践经验的基础上，根据我国社会发展新时期、新形势的新特点，初步构建了新时代社区思想教育的理论体系，具有独特的理论张力和实践特点：一是具有鲜明的时代性，这是高擎“新时代”伟大旗帜对社区思想教育研究的新尝试；二是具有理论的创新性，这是基于社区教育视域下，以社区教育内涵发展为脉络，以思想教育为主线，着力推进社区教育高质量发展的新探索；三是具有实践的操作性，本书理论上力求通俗易懂，行文上主张简洁明快，着眼于理论上抛砖引玉，行动上启迪思维，旨在为社区思想教育实践工作者释疑解惑并提供可行的操作手册。

第一部分

概念与内涵篇

本篇包含三章，主要探讨社区思想教育的内涵与特点、社区思想教育的功能与作用、社区思想教育的组织与保障。社区思想教育，如纯粹从字面意义上理解，就是区别于机关企事业单位思想教育的社区领域的思想教育，而本书所指的社区思想教育不仅是基于思想教育在行业、领域的一般化内涵区别，更是突出其社区教育中的思想教育，特指新时代社区教育要以思想教育为主线，从本质上说，社区思想教育就是社区教育凸显思想教育内涵元素的升级版。

第一章
新时代社区思想教育的内涵与特点

思想教育是一个常讲常新的话题，思想教育既推动着社会的发展与进步，又在社会的发展进步中不断丰富内涵、拓展外延。在我国，思想教育作为哲学社会科学的一部分，实际上已经成为教育学的一门分支学科，传统习惯上根据不同的对象和领域又分为党政机关、企业、学校和其他社会组织的思想教育。每一个领域、行业的思想教育本质上是一致的，基本的价值目标、核心理念是相同的，但具体的内涵、功能作用的范围、推进的手段办法又呈现出不同的规律和特点，同时在不同的社会发展阶段上其内涵也具有很大的差异性。新时代社区思想教育作为思想教育的一种新形态，必须根据其所处的时代背景、社会发展需要和所作用的具体对象，在内涵和外延上进行准确定位，以彰显出社区教育自身鲜明的时代特点和目标指向。

一、新时代社区思想教育的基本内涵

（一）新时代社区思想教育的内涵解析

广义的社区思想教育就是指社区教育中的思想教育行为。从这个意义上说，社区思想教育也就是社区教育，因为社区教育已经涵盖了社区思想教育的内涵与外延。但这种简单的概念画等号，很容易模糊思想教育的逻辑与意义，混淆思想教育的功能与作用。本书所指的新时代社区思想教育，是从狭义上进行定义，是指在我国社会发展处于新的历史时期，在社区区域范围内，以全体社区成员为作用对象，以政治观念、道德观念、法治观念、文化观念和社会行为规范等为主要内容，以社区教育为实践载体，进行资源整合，协同各方力量，以促进社区成员全面发展和社区可持续发展为目标的教育实践活动。人的思想水平的提高，既是一个受文化、环境等因素熏陶感染的过程，更是一个接受能动工作培养的过程。思想教育学把人们思想品德形成发展的规律和对人们进行思想教育的规律作为自己的研究对象[①]，思想教育基于人的全面发展和社会发展的实际需要，与社区建设和社区治理的特点及规律相结合，便产生了新时代社区思想教育。

从新时代社区思想教育的概念可以看出，这一概念包含了三个关键词：新时代、社区、思想教育。新时代社区思想教育是由这三个基本维度所构建的整体概念。所以要对新时代社区思想教育的含义有一个全面准确的理解，首先要对这三个关键词及关系定位有一个基本的认识。

1.“新时代”是社区思想教育的社会背景。置于社区思想教育中的“新时代”不仅是一个时间概念，更是一个社会发展的历史定位。习近平总书记在党的十九大报告中对“新时代”作了全面的阐释：这个新时代，是承前启后、继往开来、在新的历史条件下继续夺取中国特色社会主义伟大胜利的时代，是决胜全面建成小康社会、进而全面建设社会主义现代化强国的时代，是全国各族人民团结奋斗、不断创造美好生活、逐步实现全体人民共同富裕的时代，是全体中华儿女勠

① 王永益.社区思想政治教育[M].江苏：人民出版社，2018：7.

力同心、奋力实现中华民族伟大复兴中国梦的时代，是我国日益走近世界舞台中央、不断为人类作出更大贡献的时代。这一论述既是对“新时代”内涵的准确定位，也为社区思想教育赋予了新的使命和责任。社区思想教育服务社会发展，受政治、经济、文化发展的制约，不同的历史阶段、不同的社会发展时期，社区思想教育的含义、内容和实现途径也不同。新时代社区思想教育要与时俱进，创新发展，要充分认识新时代社区思想教育的新机遇、新视野和新思路，为社区思想教育发展注入新动能。

2.“社区”是新时代思想教育的空间范畴。新时代社区思想教育中的“社区”，是一个地域概念，规定了思想教育的作用范围，不同的区域，思想教育的环境、对象和所适用的手段大不一样。社区是若干社会群体和社会组织聚集在某一个领域所形成的生活上相互关联的大集体，是社会有机体最基本的内容，是宏观社会的缩影。我们在研究新时代社区思想教育内涵的同时，要充分认识“社区”的特点和功能，要充分认识社区建设发展的客观现状。一般来说，社区分为城市社区与农村社区，鉴于我国城市化水平还处于偏低的状态，城市社区作为实证研究更具代表性，当然随着城市化程度加深，农村社区会更加成熟。本书所指的社区主要是城市社区。我国城市社区是城市管理体制改革的产物，是由原来的居委会演化而来，尽管从20世纪80年代中期就已经提出来，但社区建设真正在全国普遍推开却是21世纪初的事情，社区还带着“居委会”的历史烙印，城市社区共同体的内在品质还需大力提升。深刻认识“社区”的概念，是新时代社区思想教育探索自身规律性的基础和前提，也是区别于其他领域的思想教育的基本标识。深入研究社区的基本内涵，把握社区的基本特点和功能作用，有利于增强社区思想教育的针对性。

3.“思想教育”是新时代社区教育内涵发展的价值取向。新时代社区思想教育是社区教育内涵发展的高级形态，突出“思想教育”这一时代命题，强化了社区教育为社区居民提供精神产品的独特责任使命。我国社区教育已经走过了普及与推广阶段，正在朝内涵发展的良性发展轨道迈进，但在社区教育的推进与发展过程中，一方面，对社区教育存在模糊认识，“社区教育是一个筐，什么东西都往里面装”，社区教育的工作重点不明确，工作主线聚焦不够，社区教育本身的目标价值被泛化、被淡化，造成尽管社区教育活动丰富多彩，但普遍上是形式大于内容。另一方面，社区教育思想性与教育性的脱节，使得社区教育的目标与手段颠倒错位。在社区教育中思想政治教育的全程渗透性得不到贯彻始终，往往是把职业技能培训、社区群众性活动等社区服务的具体手段当作是社区教育的主业和目标，使得社区教育培养居民群众社会主义核心价值观的主责主业缺位。“思想教育”的主张是社区教育特有教育属性的正确归位，为社区教育旗帜鲜明地产出高质量的精神产品提供了科学的行动指南。

（二）新时代社区思想教育的目标定位

社区思想教育目标是指社区思想教育者通过思想教育活动，期望思想教育对象思想品德、政治素养、心理素质和行为习惯等方面所能达到的境界和预期结果。思想教育的作用对象是人，是对人的思想观念和行为规范的塑造、引导。社会是由人的个体构成的，思想教育对人的影响必然在社会发展中反映出来，由此社区思想教育的教育目标可分为根本目标和基本目标，根本目标就是促进社区居民的全面发展，使其思想行为符合社会发展的需要；基本目标就是促进社区的和谐可持续发展。

1. 社区思想教育的直接目标。也就是社区思想教育的根本目标。社区思想教育的根本目标是为了实现人的自由而全面的发展，这是由思想教育的根本性质和任务所决定的，其基本理论依据源于马克思主义关于人的全面发展的学说。马克思、恩格斯在《德意志意识形态》

中提出了“个人的全面发展”这一科学概念，在以后的许多论述中又全面阐述了这一思想。马克思特别指出：人应当成为“完整的人”，即全面发展的人。在这一实践过程中，人的发展呈现出阶段性。首先，人正在或即将逐步地摆脱自然经济条件下的对“人的依赖关系”；在实践中，人也将逐步地摆脱商品经济条件下对“物的依赖性”；最终实现人的自由而全面的发展。人的全面发展在社区思想教育根本目标中，主要体现在三个方面。一是丰富人的自然性。要不断满足现实的人在物质生活方面的需要，解决人在现实物质生活中面临的实际问题，丰富人的自然性。二是要实现人的社会化，丰富人的社会性。现实的人的本质（即社会性）是在实践中不断形成、发展和丰富起来的，思想政治教育正是由社会所承担的、为满足人的社会化需要，促进人的社会化发展而进行的一种教育活动。三是要满足人的精神需求，不断提升人的精神性。人在思想、政治、道德等方面发展的需要是人的精神发展需要，内在的综合素质提升的需要，思想教育属于精神生产活动，它塑造人的灵魂、品德，解决人的思想、信仰、理想问题，是满足和提升人的精神需要的重要方式和途径之一。社区思想教育的目的就是为了实现人在社会关系的丰富性和合理性方面的提升，是为了实现人在思想领域和精神境界方面的提升，它的根本目的就是为了实现人的自由而全面的发展。①

2. 社区思想教育的间接目标。也就是社区思想教育的基本目标。社区思想教育的基本目标是通过对社区居民思想观念和行为规范的教育引导，促进社区居民生活品质和思想素质的全面提升，进而推进社区共同体的形成和深化，实现社区和谐和可持续发展。社区思想教育这一目标是基于其根本目标的基础之上的，也就是社区居民个体得以

① 顾欣荣，朱志梅. 论思想政治教育目标的层次性——教育思想政治教育主体的探索 [J]. 教育教学论坛，2017（3）：33—34.

全面发展所带来的间接社会效应。同时，不断提高社区建设的和谐程度，也是基层社会治理的目标任务，将社区思想教育的基本目标确立为实现社区和谐和可持续发展相结合，充分体现了思想教育服从和服务于中心工作的基本原则。一是促进社区认同。社区认同是社区道德维度的基础，一般来说，人们在社区空间的交往必然导致建立公共机构的兴趣和必要，从而形成共同体，并在公共场所内保持和表达共同价值，表现出一个社区中人们的相互认同和共同信仰。一个由人居住、生存而得以存在和发展的城市社区，必须拥有社区的认同，才能形成自身强大的活力和功能，也只有在这样的基础上，社区的进步发展才有可能。社区思想教育要积极促进社区认同的形成和发展，努力增强社区居民民主参与的意识与能力，提升社区意识或社区认同，使社区居民深刻认识到社区共同体对自己生活的意义和价值。二是提升社区和谐水平。社会和谐是社会主义核心价值观的基本内容之一，是我国传统文化的精髓、长期历史发展的经验总结和各项事业发展的基础。在这一社会发展视域下，和谐社区建设是我国社区建设目标新的总体表达方式，也是基层社会治理现代化的目标要求。社区和谐与否和社区和谐的水平是衡量社区居民思想精神面貌和生活状态的基本尺度，也是衡量社区思想教育工作实效的基本指标，社区思想教育促进社区居民全面发展和整体素质的全面提高，必然在社区和谐建设上得到实然反映。

3. 直接目标与间接目标的关系。直接目标和间接目标二者之间相互关联、相互作用、相互促进，共同构成社区思想教育的整体目标。直接目标是指寻求目标受众明显行为反应的目标，间接目标是指可以通过直接目标的中介作用而对其他紧密关联对象所起到的积极影响和促进作用。社区思想教育的直接目标是社区思想教育的内在价值所在，是思想教育“以人为本”理念的直接结果，强调其目标的直接性，可以凸显社区思想教育目标的集中性和针对性，这是与思想教育的基本规律和性质任务要求相符合的。社区思想教育直接目标是间接目标的基础，社区居民思想道德素质的提高，必然会反映到其行为中，加速其社会化的程度，从而推动和谐社会的建设，二者之间具有必然的理论逻辑关系。同时，社区思想教育的间接目标又反作用于直接目标，和谐社会的建设程度和水平为人的全面发展提供现实社会环境和外在条件，影响和制约着人的全面发展，也引导着人的社会化的方向，社区和谐程度高，社区思想教育的直接目标就容易实现，社区和谐程度低，则社区思想教育的直接目标就面临着难以达成的风险。因此，社区思想教育目标的准确定位，要准确把握直接目标与间接目标之间的关系，要有辩证思维，防止和克服片面性。

（三）社区思想教育与几个相关概念的关系辨析

一是必须准确把握社区思想教育与思想教育本身的关系。社区思想教育与思想教育是普遍性与特殊性的关系，不能脱离思想教育的本质属性来探讨社区思想教育。要把思想教育的共性、普遍性作为社区思想教育的灵魂和核心，社区思想教育是思想教育共性规律和本质特征与社区思想教育自身特殊性结合在一起的产物。这里需要防止两种倾向：一种是只讲共性不讲特殊性，使社区思想教育缺乏针对性；另一种是只讲特殊性不讲共性，使得社区思想教育徒有虚名、偏离正确的轨道。从思想教育的对象和所作用的领域来分析，社区思想教育定位的是社区领域、社会人，本质上是思想教育的重要组成部分，遵循着思想教育的普遍规律和基本规则，社区思想教育是思想教育的新领域和新拓展。只有准确把握了社区思想教育与思想教育的关系，社区思想教育才不会偏离基本方向。

二是必须准确把握社区思想教育与社区教育的关系。在社区教育实践中，有一种观点认为，社区教育已经包含了社区思想教育，没有必要再专门突出社区思想教育，致使社区教育缺乏思想引领；也有人片面地认为，社区教育主要是技能培训、康养教育、文化娱乐等活动，有意无意忽视了思想教育在人的全面发展和社区可持续发展中的作用，从而使得社区教育流于形式，效果不佳。综观这些对社区教育的认识误区，或者说是思想偏差，实际上都是对社区教育的本质属性和社会属性缺乏全面的认识和深入的理解。社区教育与社区思想教育是包含与被包含的关系，是广义概念与具体内容的关系，但社区思想教育是社区教育实践中始终贯穿的一条主线，社区思想教育既是社区教育的主要内容，也是推进社区教育的重要手段，更是衡量社区教育效果的根本标尺。

三是必须准确把握思想教育与思想政治教育的关系。在思想教育实践中，往往很容易把思想教育与思想政治教育混淆，所以在提出新时代社区思想教育概念时，首先有必要厘清两个不同概念的教育侧重点、教育方向、教育范围，以便加深对新时代社区思想教育的认识。本书之所以选取思想教育这个角度来做实证研究，一方面是因为思想教育是一个大概念，其内涵包括了思想政治教育的相关内容，其外延的目标指向更加丰富。思想教育通过思想政治教育、道德品质教育、文化教育达成对人的人生观、价值观、世界观的持续影响，并固化养成，凸显对人的自然属性和社会属性的双重关注，具有教育的全面性特点。而思想政治教育更侧重于人的政治动机、政治观念、政治行为的教化，注重的是人的政治素养的形成和构建，满足的是社会人的特殊性要求。另一方面，是基于在社区这个复杂的领域开展思想教育的特殊性。社区成员构成的复杂性，使得思想教育的需求量更多、更广，内涵丰富全面才能确保思想教育的覆盖面和渗透性。从这个意义上说，正是人的全面发展要求，使得思想教育成为推进基层社会治理的必然选择。

二、新时代社区思想教育的主要内容

新时代社区思想教育的内容是指为实现社区思想教育目标、任务，社区思想教育主体对社区思想教育对象所施加的思想观念体系和行为规范的总和。为满足人的发展和社会发展的需要，社区思想教育内容是作为一个系统整体而存在的，并且随着人的需求和社会发展的变化而不断发展变化。

（一）主要内容的基本依据和层次结构

1. 基本依据

新时代社区教育的内容构成主要取决于五个方面：一是社会发展要求。时代发展决定了社区思想教育的发展方向，新时代社会发展需要是社区思想教育内容构成的价值取向。二是社区建设的需要。社区是基层社会治理的基本单元，要想把社区建设成社区群体和社区组织相互关联的紧密型共同体，需要有共同的文化理念、共同的价值追求来维系，才能增强社区的认同感、归属感，发挥出社区的应有功能与作用，不断提高社区成员生活水平和生活质量。社区建设的发展状况是社区思想教育内容确定的现实依据。三是教育本质属性的要求。社区思想教育本质上是教育的一种形式，其教育内容的制定要遵循国家教育的大政方针。我国教育法规定：国家在受教育者中进行爱国主义、集体主义、社会主义的教育，进行理想、道德、纪律、法制、国防和民族团结的教育。党的十八以来，党中央对学校思想政治理论教育高度重视，反复强调要将思政课程和课程思政贯穿教育的全过程。这是新时代社区思想教育内容确定的法理和政策依据。四是思想教育基本内容的传承。社区思想教育是思想教育在社区的一种实践形态，因此，社区思想教育与其他领域的思想教育具有普遍性和共同性，其核心内容是一致的，只是根据社区的实际情况，侧重点有所不同。这是新时代社区思想教育内容的理论依据。五是人的全面发展的需求。社区教育的主要对象是社区居民，社区居民的需求是多元而复杂的，社会主要矛盾的变化反映社区居民需求的变化，社区教育内涵发展要与时俱进。这是社区思想教育内容确定的根本依据。

2. 层次结构

新时代社区思想教育既要具有思想教育的普遍性，又要充分考量新时代社区教育和社区建设的实际情况，以此为基本依据来确定社区思想教育的内容构成，使思想教育内容满足新时代社区教育目标任务的现实需要，以促进人的全面发展和社区的可持续发展。由此，新时代社区思想教育内容可以分为基本内容和特殊内容两个大的层次。基本内容主要是指：国家对公民进行思想教育的基本价值观和思想道德基本要求以及由此衍生的对全民具有普遍意义的思想观念、行为规范要求。特殊内容主要是指：与社区居民发展实际需要和基层社会治理需要直接、紧密相关的思想观念体系和行为规范总和。基本内容和特殊内容构成了社区思想教育内容的整体系统，其中，基本内容是基础，体现了思想教育的普遍性规律，社区思想教育特殊内容贯穿了基本内容的要求，体现思想教育普遍性规律与特殊性规律的结合。具体来说，基本内容主要是执政党的意识形态的要求，执政党的特殊地位决定了其在各个领域的领导作用，其意识形态是我国思想教育的核心内容，马克思主义是执政党意识形态的核心，习近平新时代中国特色社会主义思想体系是马克思主义中国化最新理论成果，以此为基础构建起的中国精神谱系，具有最高和最基本的思想教育价值。这是社区思想教育内容的基本层面。以社区共同体为基础的社区精神，本质和具体内涵是在马克思主义理论体系指导下确立的，体现在社区建设的各个方面，是社区居民共同遵循的日常道德规范，也是应该具有的思想道德修养。这是社区思想教育内容的特殊层面。整体上看，新时代社区思想教育无论是基本内容还是特殊内容，都是以思想、政治、道德价值观为核心，着眼于社区居民，为实现思想教育目标服务的。①

（二）主要内容的具体方面

新时代社区思想教育的主要内容包括政治理论教育、道德法制教育、形势政策教育、心理健康教育和社区文化教育等五个方面。社区思想教育主要内容的五个方面是一个有机的整体，相互渗透、互为补充、不可割裂。

1. 政治理论教育

政治理论是关于政治的思想、观点或学说的体系。我国新时代社区政治理论教育的目的就在于提高社区居民群众的政治素质。政治素质是指政治主体在政治社会化的过程中所获得的对他的政治心理和政治行为发生长期稳定的内在作用的基本品质，是社会的政治理想、政治信念、政治态度和政治立场在人的心中形成的并通过言行表现出来的内在品质。②公民政治素质包括由外向内习得、并主动接受的政治领域方面的知、情、意、信、行等。主要表现为，政治认知、政治倾向、政治知识、政治观念、政治意识、政治理论、政治觉悟、政治理想、政治信念、政治价值观、政治态度、政治立场、政治情感、政治心理、政治作风、政治行为、政治阅历、政治经验、政治技能与艺术等。③政治素质不仅是人的综合素质的核心，也是社会政治文明发展水平的重要标志。一个民族要走在时代前列，就一刻不能没有理论思维，一刻不能没有正确思想的指引。事实表明，只有具备深厚的理论素养，才能在任何风浪考验面前都坚定理想信念，在重大原则问题上分清是非界限。

加强政治理论教育是提高社区居民政治素质的根本途径。进入新

---

① 王永益 . 社区思想政治教育 [M]. 江苏：江苏人民出版社，2018：161—167.
② 李贵敏 . 论政治素质的内涵与特征 [J]. 理论探索与争鸣 .2005.
③ 时延春 . 公民政治素质研究 [M]. 郑州：郑州大学出版社，2005.

时代，世界百年未有之大变局加速演进，中华民族伟大复兴进入关键时期，改革发展稳定任务之重、矛盾风险挑战之多、治国理政考验之大前所未有。加强政治素质不仅仅是执政党政党建设的首要任务，也是全民族、全体国民的责任使命。必须通过不断加强政治理论教育，深刻认识共产党执政规律、社会主义建设规律、人类社会发展规律，牢牢掌握认识世界、改造世界的强大思想武器。当前社区政治理论教育的关键是习近平新时代中国特色社会主义思想的深入教育。习近平新时代中国特色社会主义思想，是当代中国马克思主义、21 世纪马克思主义，是中华文化和中国精神的时代精华。必须通过政治理论教育，深刻认识习近平新时代中国特色社会主义思想的时代意义、理论意义、实践意义、世界意义，深刻理解其核心要义、精神实质、丰富内涵、实践要求，使之转化为推动社会发展的强大精神力量和行动自觉。

2. 道德法制教育

道德法制建设是社区建设的重要内容，是社区成员全面发展和基层社会和谐发展的重要保障，社区思想教育必须突出道德法制教育这个重点，把道德法制教育作为塑造人的精神与心灵的重要手段。坚持依法治国和以德治国相结合，坚持法德并举，这是中国特色社会主义的国家治理之路。在我国全面社会转型期，道德法制建设的水平是基层社会治理现代化的重要指征，事关国家安危，民族兴衰。社区思想教育所面对的社会人年龄构成、职业构成、文化层次构成、来源构成是多元的、复杂的，其道德法制的素养和品质也千差万别，通过社区思想教育对其进行道德素养和法律素养的相关教育和正确引导，有助于提升社区成员的综合素质，进而夯实社会基层治理的道德法制基础。

社区道德法制教育必须准确把握道德与法制的理论基础。道德和法律是相互作用、相互影响的，道德的法律化和法律的道德化一直相互交织不可分割，共同调整着社会关系和规范人的行为，它们属于上层建筑的范畴。道德强化自律，依靠社会舆论和宣传教育来实施，而法律强调的是他律，是以国家强制力来保证实施。道德和法律互为补充，相互依存，相互支撑，共同构成了维护国家安定、维系社会秩序、促进社会发展进步所不可或缺的两大支柱。社区道德法制教育必须准确把握道德与法律的关系，既要看到其内涵特征、目标指向的同一性，又要深刻认识其功能作用的差异性，这是保证社区道德法制教育针对性和有效性的基础和前提。基于道德与法律之间密不可分的关系，社区道德教育与法制教育要一体布局，统筹安排，整体推进，在目标定位上，社区道德法制教育不仅仅在于使社区成员了解一些道德知识、法律知识，根本目的是进一步增强道德观念、道德意识和法治观念、法律意识。要采取进社区、进家庭宣传讲解、社区线下道德法制讲坛同线上道德法制教育讲坛相结合等多种形式，面向群众讲法治、德治以及党和国家的惠民政策，普及中华优秀传统文化蕴含丰富的民族精神和道德理念，引导社区居民加强道德法制建设，着力提升辖区居民道德与法治意识。

3. 形势政策教育

社区形势政策教育，是以马克思列宁主义、毛泽东思想、邓小平理论、“三个代表”重要思想、科学发展观和习近平新时代中国特色社会主义思想为指导，以社区教育目标为依据，紧密结合国内外形势，紧密结合国家、地方和社区的客观实际，紧密结合社区成员的思想实际，对社区成员进行比较系统的党的路线、方针和政策教育。它的基本任务是，通过适时地进行国内形势政策、世界政治经济、国际关系基本知识的教育，使全体社区成员在改革开放大变革大转型的复杂环境下有坚定的政治立场、有正确的判断分析能力和社会适应能力。社区是整个社会的神经末梢，是社会构成的最小细胞体，要成为国家形势政策的敏感点而非“盲区”。社区形势政策教育是社区思想政治教育的重要内容，是社会人思想政治素质教育的重要载体。社区形势政策教育，有利于社区更深刻、更准确、更及时地认识了解世情国情，提高社会群体综合素质、开阔视野，增强社会责任感和使命感。

社区形势政策教育必须坚持问题导向、与时俱进。形势政策具有很强的时段性和针对性，形势政策是社会发展情况的直接反映，作为社会基本单元的社区居民只有紧跟时代发展变化才不会脱离社会，才能够融入社会发展的大潮之中。要注重把党的基本理论、基本路线、基本纲领和基本经验作为主线，进行马克思主义形势观、政策观教育；要注重把我国社会发展的新任务、新目标和新成就、新进步作为形势政策教育的重点，引导社区成员和社会基层治理的正确发展方向；要注重把党和国家重大方针政策、重大活动和重大改革措施作为鲜活素材，把当前国际形势、国际关系、世界重大事件和我国的对外政策作为生动案例，聚焦社会热点，正确引导社会舆论，及时动员、发动和组织群众。要通过社区形势政策教育，促使社区组织、社区居民准确掌握形势变化，吃透政策精神，形成对形势与政策的敏锐的洞察力和深刻的理解力，实现社区基层和社区居民的正向发展。

4. 心理健康教育

心理健康教育是社区思想教育直指人格健全的重要手段。人格在人的全面发展中起着重要的基础作用，人格既是人生观形成的心理基础，也是世界观和人生观形成的心理依据，人的道德素质、思想素质都需要健全的人格来支撑。教育离不开健全人格的教育，综观国内外各种教育形式总是把人格教育放在非常特殊而重要的位置，或专门开设课程，或渗透于教育的各个环节和各种形式，在引导人的成长上发挥着不可替代的重要作用。全面深化改革是我国社会发展的时代特征，社会历史变革的影响是深刻而全面的，对人的心理健康影响具有积极和负面的双重性，对人的健全人格的形成提出了新的挑战。社区作为社会构成的基本细胞体，各种社会矛盾交叉碰撞，就业难、就医难、上学难等各种社会压力，各种消极思想、负面观点、偏激情绪无序积淀，如果社会人没有健全的人格作保障，和谐社会建设就会走入误区。虽然多数的社会人身心已经成熟，但面对社会巨变转型的复杂环境，社会人普遍存在心理“亚健康”状况，“集体焦虑症”“心理贫困症”“心理软骨症”“情绪失调症”等心理问题、人格障碍或轻或重时有发生。社区思想教育要促进人的全面发展，必须通过心理健康教育对社会人进行人格再造。

社区思想教育中的心理健康教育，主要是指对社区居民进行心理上的教育与疏导。心理学上所讲的人格，是指一个人在他的一生发展的漫长历程中逐渐形成的表现稳定的和持续的心理特点，以及行为方式的总体。健康的人格特征是有机统一的、稳定的。社区思想教育要注意把握社会人健全人格的主要标准，要充分认识到人格的构成要素的不可或缺性和完整统一性、自我意识的明确性和同一性，要把培养悦己、向上、积极的人生态度作为人格健全教育的核心。对社会人进行心理健康教育，使其了解自己的心理特点及其发展规律，帮助社会人正确认识自己、认知社会，加强心理的自我修养和自我教育，形成正确的自我观念和人生观，对于消除不利于社会人人格健康发展的因素，培养他们健全的人格将起到积极的作用。

5. 社区文化教育

文化育人是社区思想教育的一种重要形式。文化育人的核心理念就是文化教育人，从精神上塑造人，塑造有灵魂的人。把文化育人融入社区思想教育的全过程，可以拓宽社区思想教育培养人、发展人、教育人的新路径。社区思想教育中的文化艺术育人具有独特的时代价值。当今世界正处于大发展大变革大转型时期，各种思想文化交流交融交锋更加频繁，文化越来越成为民族凝聚力和创造力的重要源泉。社区是文化传播、文化创新的重要阵地，要用好的文化活动和优秀的文化作品、文化艺术形式打动人、引导人，塑造社区居民健全的人格和美好的品德，净化心灵、陶冶情操，提升文化认同，用优秀的中国文化来涵养新时代的社区居民，提升社区居民的人文精神和家国情怀。

同时，文化教育对社区而言，还包括用社区独有的文化即社区文化来教育人。社区文化教育是指运用社区所形成的特有文化，包括社区居民所创造的物质财富和精神产品，即社区物质文化、观念文化、制度文化、行为文化等多个层面，来熏陶人、内化人和引导人的教育实践活动，以及组织指导构建社区共同体精神，塑造社区文化的过程，即社区居民在社区区域范围内共同生活、工作、交往中，重构关系网络，进而引导社区居民围绕公共议题进行商议，在兼顾公共利益和私人利益的基础上达成共识规范，产生价值认同和公共精神的实践过程。社区文化本质上是一种家园文化，具有社会性、开放性和群众性的特点。发展社区文化，可以强化社区成员的主人翁意识，倡导特有的健康的民风民俗，增强社区居民的归属感，维系社区良好的人际关系，提高居民的生活质量。

三、新时代社区思想教育的主要特点

新时代社区思想教育具有思想教育的一般规律和共性特征，但又有区别于机关、企业、学校等其他领域思想教育的不同的个性特点，只有把握住这些特点，才能保证社区思想教育的针对性和实效性。

（一）教育对象的全面性和模糊性

社区思想教育是把整个社区的全体成员作为自己的教育受众，教育所及的对象构成不同于任何其他具有特定对象的高等学校、职业院校或基础教育学校，其教育对象作为一定的地缘性群体和区域性社会的社会人，具有三个基本特征：一是来源组成的稳定性与流动性。社区人口由一些群体和组织所构成，如家庭、邻里、企业、学校、医院、社会组织、政府机关等。既有辖区原居民，也有城市化过程中涌入的新城市人口，还有随着社会经济发展而来的大量流动人员。社区思想教育的对象处于相对稳定中的不断流动变化状态。二是结构要素的多样性与复杂性。社区人口的构成，从年龄上看，有少年儿童、青壮年、老年人；从文化层次看，有受过基础教育者，也有接受过高等教育者，甚至还有没有受过系统教育的人员；从职业构成看，有体制内的党政机关、企事业单位、社会团体人员，也有体制外的个体经营者、自主创业者、外出务工者等社会从业人员。三是心理要素的趋同性与发散性。一方面，社区群体对个体的行为产生决定性的影响，形成共同的生活方式、行为规范和心理取向。社区成员对本社区具有归属感，产生参与群体的集体意识和行为。另一方面，由于不同的成长经历、不同的职业背景、不同的文化层次、不同的宗教信仰和不同的人生阶段，社会人的认知能力、认识水平具有差异性和非统一性。

（二）教育主体的统一性和多元性

社区思想教育以社区教育为主要载体，由此，社区教育的主体多元性决定了社区思想教育主体的基本构成。政府、社区教育机构和基层社区组织是社区思想教育的三大主体。社区思想教育主体的多元性，要求必须完善社区教育资源配置平台，构建社区教育网络体系，建立社区思想教育协同管理机制和联动机制。

各级政府是社区思想教育的管理主体和顶层设计主体。由各级教育行政管理部门履行制定政策、规划蓝图、统筹协调、指导监督等宏观管理职责。社区教育政府主体职责落实主要实行垂直分线管理，条块结合运行。垂直分线管理，一方面是通过教育行政部门逐级下行到社区，一方面是依托社区大学逐级覆盖到社区。

各级社区教育机构是社区思想教育的具体组织主体和实施主体。主要指地市一级社区大学及县区级社区学院、街道社区学校和社区学习中心所构成的四级教育网络体系，根据政府教育主管部门部署安排，组织专门力量，实施社区思想教育项目，从理论引领、业务指导、资源建设等方面充实社区教育服务体系，实现信息技术、内容建设、教师资源互补共享。并积极与辖区其他高校、企业和社会组织建立合作机制，引导高校和社会力量参与，将高校优质的师资力量和教育资源输入到社区思想教育中，鼓励高校学生参与到社区思想教育志愿服务中来；发挥社会力量的组织动员能力，挖掘更多的专业人才、民间达人，共同参与社区思想教育的课程建设和教育活动，提高社区思想教育质量。

社区居委会是社区思想教育的微观管理主体和教育任务承接主体。社区居委会是居民自我管理、自我教育、自我服务的基层群众性自治组织，是人民民主专政和城市基层政权的重要基础，也是党和政府联系人民群众的桥梁和纽带之一。对社区居民进行思想教育、思想引导是社区居委会基层治理的重要内容，社区居委会要结合社区教育的总体布局，结合社区的区域特点、居民的构成特点，依托社区学习中心开展多种形式的社区思想教育活动。

（三）教育目标的层次性和发展性

社区教育总的目的是人的全面发展和社区的可持续发展。围绕这一教育总目的的实现过程，社区思想教育的目标设定具有很强的层次性，也可以说是阶段性，可以定为初级目标、中级目标和高级目标。随着社区教育的不断深入推进，社区思想教育目标由低级向中级、高级不断演进，具有渐进性和发展性。

社区思想教育的初级目标，即社会外化目标，是指社区教育者将社会的指导思想传授给社区受教育者。本质上是进行社区思想教育灌输所设定的目标，带有知识普及性、常识知晓性和规则推广性。对社区教育者来说，是强调“思想教育施教的过程”，其基本指标突出的是：是否实施了思想教育，实施了什么样的具体内容；对受教育者来说，是强调“思想教育受教的过程”，接受了什么样的思想教育，是否达成了社区群体全覆盖。

社区思想教育的中级目标，即个体内化目标，是指受教育者根据自己的需要，在其他因素的作用下，有选择性接受社区教育者所传授的思想，将外在思想内化为自己个人的内在思想，并转化为动机，去支配或调节自己的行为，形成新的行为习惯的表征。本质上是社区思想教育效果的目标给定，从社区教育者来分析，反映的是社区思想教育的深度，即是否有效，有效的范围和程度；从受教育者来分析，凸显的是社区思想教育吸收的程度，思想教育内容渗透的深度，表象为思想的升华、政治的坚定、行为的规范。

社区思想教育的高级目标，即群体效应目标，是指在社区教育者和受教育者的共同努力下，将个体行为所产生的社会效果，通过评估和反馈，去丰富社会和其他社会个体思想的目标。也就是社区思想教育效果实现外溢，由社区人的个体到社区人的群体、由单个社区到辖区以外的更大范围，这是社区思想教育效果最大化，体现了思想教育目标的完整性和彻底性。

（四）教育环境的社会性和开放性

社区思想教育不同于普通校园思想教育，它是把社区这个“小社会”作为社区教育的“大校园”来看待，把社区等同于一个“无围墙的大学”“老百姓身边的大学”，是一个社会人共同学习的场所。

从社区内部整体环境构成本身来看，社区的基本构成是复杂多样的，有的主要是由多个不同的纯居民生活小区构成，有的是由居民生活小区、多个商业区组成，有的是由居民区和企业、机关、学校和其他社会组织所组成。有的常住人口多、流动人口少；有的常住人口少、流动人口多；有的是老旧小区、有的是新建小区；有的是历史底蕴深厚的小区，有的是刚刚开发不久文化基础薄弱的小区。诸多要素构成了不同类型的社区环境，呈现出社区自然环境、人文环境、生态环境的差异性和独特性。

从内部环境与外部环境的关系看，其环境具有接纳包容和开放延伸的特点。长期以来，我们的思想教育，无论是机关、企业、学校还是其他社会组织，往往是在一种相对封闭的、单一的环境下，面对特定的对象，实施思想政治引领和道德品质教育。而社区思想教育环境则是一个完全开放的区域系统。开展社区思想教育，是社会“大课堂”的政治理论公开课，一方面在社区中，既有社会主流思想也有非主流思想，既有正面的积极情绪也有负面的消极元素，各种思想相互激荡，各种文化相互交融，各种观念相互碰撞，这是社区思想教育实施所面临的基本思想状态。基于社区思想教育的这种客观环境，在社区范围内开展思想教育，进行思想再造，正本清源，其难度和挑战性可见一斑。同时，又因社区是“无围墙的大学”，随时有辖区外的各种思想观点的消减干扰，也有正向精神的促进推动，使得社区思想教育需要在内外互动的特殊环境下，实现思想教育效果的最大化。

第二章
新时代社区思想教育的功能与作用

社区思想教育有其固有的功能，在基层社会治理中发挥着重要的作用。在研究社区思想教育功能与作用之前，首先对功能和作用这两个概念要有所了解。功能与作用既相互联系又有明显区别，功能是事物内在的、固有的效能，而作用是事物与外在媒介结合所产生的外部效应。在事物内在功能相同的情况下，因与外在介质结合的程度不同，其作用的表现形式是不一样的，既可能是正面作用也可能是负面作用。概括地说，功能是作用产生的内部根据和前提基础，客观需要是功能产生作用的外部条件，作用就是功能与客观需要相结合而产生的实际效能。

一、新时代社区思想教育的主要功能

社区思想教育的功能是社区思想教育的一种内在属性，是基于社区思想教育内部各构成要素综合互动，主要依靠社区思想教育主体的素质和能力加以驱动，并作用于社区成员而形成的可预期的现实效果。这是社区思想教育存在的根本价值所在。

（一）新时代社区思想教育功能的基本特点

社区思想教育功能是思想教育的普遍规律和社区思想教育活动的特殊规律相结合的产物，既具有思想教育功能的一般共性特征，又凸显基于社区领域思想教育的自身特点。

1. 社区思想教育功能的阶级性

新时代社区思想教育活动根本目标是促进人的全面发展，进而促进社区和谐发展和可持续发展，是为我国基层社会治理现代化服务的。社区思想教育这一特定功能源于思想教育本身的阶级特性。一方面，思想教育是阶级和阶级意识的产物。自进入阶级社会以来，思想教育便是一种客观存在并伴随着人类社会的发展而发展变化，思想教育所包含的政治教育、道德教育、行为规范教育是人类社会进入文明时代以来的普遍社会现象。综观思想教育的发展历程，我们可以发现，思想教育从来不是一种普遍的知识教育，也不是一种没有差别的技能教授，而是阶级思想、阶级意识的教育，只能于阶级社会中产生，产生于各个阶级有意识地将本阶级的思想政治观念灌输于本阶级成员以及其他社会成员的过程中。各个阶级为了夺取政权或维护政治统治，不得不借用思想政治教育这一必要、有效的手段，通过相关组织和人员对本阶级和其他阶级进行本阶级意识形态教育，使其发展成为本阶级的成员，或者能接受本阶级的政治理念，从而维护本阶级利益。在剥削阶级存在的社会，任何阶级都要用自己的思想观念、政治观点、道德规范来影响其他社会成员，从而实现自身利益。在社会主义社会，马克思、恩格斯、列宁、毛泽东等老一辈无产阶级革命家都提出过相应的思想教育问题，力图将科学社会主义意识形态灌输给广大工农群众，以适应无产阶级革命和政治动员的需要。所以，思想教育是阶级社会的产物，普遍存在于阶级社会，带有强烈的阶级性色彩。另一方面，思想教育是上层建筑的组成部分。马克思主义认为社会发展阶段最终是由生产力发展水平决定的。“共产党人的理论原理，绝不是以这个或那个世界改革家所发明或发现的思想、原则为依据”，“这些原理不过是现存的阶级斗争、我们眼前的历史运动的真实关系的一般表现”。① 从这个角度看，思想教育属于上层建筑，由经济基础决定，具有阶级性。首先，社会生产的水平和性质决定着思想教育的水平和性质，“社会生产的水平和性质一般是间接的，同时也是最终地决定其教育是否会有阶级性以及具有什么类型的阶级性质”。② 其次，思想教育的价值观念、理论基础等最主要的内容都属于上层建筑中阶级性较强的部分，是阶级意识的直接表现。最后，思想政治教育的组织、领导、实施部门都是政治领导部门，属于上层建筑部分，受一定阶级思想指导。当然“在上层建筑领域中，思想政治教育与政治的上层建筑不同，其阶级内涵表达的是对主导意识形态的维护和建设功能，以保证一定阶级和政党在意识形态中的领导权和话语权”。③ 所以说，思想教育是一定阶级为了争取在意识形态领域的领导权和话语权不得不进行的社会活动，从而使其带有鲜明的阶级性色彩。

2. 社区思想教育功能的人本性

人本性是指社区指思想教育的功能系统蕴含着以人为尊、以人为重、以人为先、以人为最终目的的价值取向。社区思想教育中贯彻“以人为本”的原则，在思想教育的各方面、全过程中始终坚持以人为根本、为目的、为出发点和落脚点，以提高人的素质，实现人的全面发展为最高标准。从思想教育的主体来看，在社区思想教育实践中，教育者和受教育者都是人，人是思想教育的主体；从思想教育的过程来看，社区思想教育是人的双向互动的过程；从思想教育的目的来看，社区思想教育就是做人的工作，人是思想教育的中心、出发点和基础，也是思想教育的目的、归宿和根本，人的全面发展是思想教育的最终

① 范军，王振成，王占仁．大学生党员培养理论与方法 [M]. 北京：人民出版社，2010：87.
② 陈有信．教育学原理 [M]. 郑州：大象出版社，1993：93.
③ 张灿耀．现代思想政治教育学 [M]. 北京：人民出版社，2006：51.

目标。也就是说社区思想教育的本质问题就是人的问题，解决好人的问题也就抓住了思想教育的核心和本质问题。社区思想教育功能的实现是在思想教育渗透人本性的实践过程。一是尊重人的主体地位。社区思想教育所面对的教育对象是有情感、有思想、有创造性、有选择权、有生命活力的个体，在思想教育过程中必须树立教育者与受教育者平等的观念，充分发挥社区居民主体的积极性、能动性和创造性，才能切实加强思想教育的针对性、生动性和实效性。二是满足人的合理需求。马斯洛认为，人是需要的动物，人的最迫切的需要是激励人行动的主体原因和动力。社区思想教育以人为本，解决人的问题，首先要解决的是人的合理需要，满足人的合理需要是社区思想教育功能人本性的重要体现。因此，社区思想教育要深入社区、深入群众，想群众之所想，急群众之所急，帮助群众释疑解惑、排忧解难，把解决思想问题和解决实际问题紧密结合起来，把人们的物质需要、精神需要和政治需要结合起来，使社会的发展和人的全面发展同步。三是引导人的发展需求。解放人、发展人是社区思想教育的内在功能。解放人，对思想教育来说，最直接最重要的就是把人从旧的思想观念和思维方式中解放出来，这是社区思想教育的首要任务，只有不断解放思想，才能与时俱进。而促进社区居民的全面发展是社区思想教育的根本目标，其内涵就是要致力于发展社区居民的思想、政治、道德等文明素养，提高思想素质，促进人的智力和非智力因素、脑力和体力、知识和技能的全面发展，最终达到个体与社会的全面和谐发展。①

3. 社区思想教育功能的发展性

社区思想教育的功能不是固定不变的，随着社区建设的深入发展，社区思想教育比之过去愈发显得广泛深刻、复杂艰巨，一方面它的某

---

① 崔立勇．论思想政治教育的人本性方法论原则[J]．辽宁行政学院学报，2013（11）：76.

些功能会得到强化和发展，另一方面还可能出现新的功能。基层社会发展的新形势新任务决定了社区思想教育自身的变化与发展，其功能随着思想教育与社区居民之间的教育互动而处于不断的发展变化中，这种发展演进过程遵循着思想教育的基本规律，影响着人的品德形成和发展。当前，社会正处于转型巨变的新时代，社会主义和谐社会的构建不是一蹴而就的，而是一个不断推进的社会历史过程，社区思想教育作为基层社会治理现代化的重要手段，其功能不仅仅处在一个对传统思想教育功能的传承和延续的过程中，更是处在一个不断创新和完善深化的过程中。新时代社区思想教育是在新的社会发展阶段、置于社区这个新场域的思想教育新样态，思想教育要素和结构发生新的变化，使社区思想教育的功能呈现出新的发展态势。第一，从单一性功能向多样性功能发展。社区思想教育从单一的政治功能向经济功能、政治功能、文化功能等社会各领域的立体式功能发展，从社会功能向个体功能深化。第二，从以规范性功能为主向以发展性功能为主发展。社区思想教育绝不是以实现规范性功能为唯一价值目标，绝不是以规约社区成员的思想和行为为落脚点，而是通过规范性功能的中介来推动思想教育发展性功能的实现。社区思想教育的发展功能，主要体现在其对社区居民的思想道德素质和整体素质的培养和提高上。

（二）新时代社区思想教育功能的构成

思想教育功能根据不同的标准和维度，其构成各有不同的表述。本书主要是从思想教育与个人、社会的关系上进行探析研究，把社区思想教育功能分为两个大的方面，即个体内化功能和社会外化功能。社区思想教育的个体内化功能，是指将外在的社会意识、思想转化为社区居民个体的思想意识，而其外化功能是指将社区居民个体的思想动机转变为外在的行为。内化使得社区居民个体形成新的思想，内心更加丰富强大；外化使得社区居民产生新的行为，行为更加符合社会发展的需要。个体内化功能和社会外化功能二者紧密相连，不可割裂，个体内化功能是社会外化功能的基础，社会外化功能是个体内化功能的社会拓展与验证。

1. 社区思想教育的个体内化功能

个体内化功能也称个体性功能，是社区思想教育存在的内在要求。社区思想教育的对象是社区居民，因此其个体性功能就是针对在思想教育影响下实现全面发展的社区居民，使其内在思想素质、道德水准和行为规范符合社会发展的要求，这包括对人格的塑造、潜力的激发、创造力的培养等多方面的内容。

一是社区思想教育的个体生存功能。即社区思想教育在引导社区居民个体遵循客观规律、服从生存原则以便求得更好的生存状态的过程中所发挥的作用。表现为社区居民个体对于物质资料和精神资料的需求。人是具有社会性的，这种社会性体现在人与社会的和谐相处上，社会作为一种生态环境是由基本的社会规则、行为规范、社会价值所组成的，这也可以说是社会对人的基本要求，每一个社会成员必须遵守这些基本的约定俗成的规则、规范，只有这样个体才能在这个社会共同体中得以生存。社区思想教育的主要任务就是用基本的思想政治意识、道德法制规范和个人行为规范对社区居民进行社会化或者再社会化，使社区居民思想行为、心理行为符合社会发展的需要，从而融入社会整体。我国社区居民的构成具有多元性，其社会化的过程和途径也不一样，有的是在机关、学校、企业和其他的社会组织中进行了社会化的教育，有的本身就是在社会这个开放的大环境中接受社会化，有的社会化程度高，有的社会化程度低，但无论是从何种途径接受了社会化的过程，也无论社会化程度的高低，社区居民作为社区共同体的构成者都有一个重新社会化的过程。社区思想教育既可以强化社区居民的社区共同体意识，又可以指导个体社会实践，促进个体人际关系和谐，减少其社会生活中的矛盾与冲突，从而增强其个体生存的能力和水平。

二是社区思想教育的个体发展功能。即社区思想教育对塑造社区居民的品德、促进社区居民全面发展所起的积极作用。包括引导政治方向、约束规范行为、激发精神动力和塑造健全人格。一方面，社区思想教育可以为社区居民个体发展提供丰富的精神产品，以满足人的全面发展需要。思想教育的个体发展功能的本质体现和核心任务就是通过思想教育来实现每个人的全面发展。通过政治教育，可以培养社区居民的政治品格，培养个体将自身的事业与建设中国特色社会主义事业融为一体的品格；通过思想教育可以使其提升自身的思想素质，帮助受教育者做好接受新的知识和思想观念的准备；通过能力教育可以使受教育者拥有学习能力，特别是学会自主学习的能力。另一方面，社区思想教育可以为社区居民个体发展创造条件。人的全面发展关键在人，这里所强调的“人”，既包括社区居民个体，也包括社区思想教育者。社区思想教育是一项复杂的系统工程，社区思想教育者在进行思想教育过程中，为了保证思想教育目标的实现，必须不断充实自己，提高自身的能力素质，掌握一定时期内社会上对于人们在思想品德方面的要求，针对不同的人采用适当的教育方式，将自身固有的对人的品德塑造和个体发展的作用充分发挥出来，从而为促进人的全面发展起到决定性的作用。同时，社区思想教育坚持“以人为本”的育人理念，可以充分调动社区居民个体发展的主观能动性。社区思想教育在教育过程中，必须建立起教育者与受教育者之间和谐平等的关系，注重培养社区居民对思想教育内容的兴趣，以情感交流为主要途径，让受教育者在和谐、轻松的教育氛围下接受思想教育，促进思想教育个体发展功能的有效实现。

三是社区思想教育的个体享用功能。即社区思想教育促使社区居民个体实现其精神方面的某种需要和愿望并从中体验满足、快乐和幸福，从而获得精神上的享受。首先，社区思想教育的作用是双向的，它不仅直接促进社区居民高尚思想品德的形成，而且由个体衍射到社会，促进形成良好的社会道德风尚，为社区居民在处理和调整个人与他人、个人与社会的关系时创设和营造出良好的客观环境，由此获得精神上的自我肯定、自我满足。其次，社区思想教育丰富了社区居民的精神世界，其世界观、价值观、人生观得到了修正、塑造、涵养，由此拥有了高尚的思想境界、人生境界，能够用一种审美的心态去审视人生，并产生愉悦的情感体验。正如苏霍姆林斯基所言："在道德教育中起巨大作用的是敏锐精细的道德情操的培养……每个人从幼年就会关注人的精神世界，是每个人的个人幸福来源于极其亲密的个人关系中的纯洁、美好、高尚的道德。"① 在社区思想教育中我们所倡导的"助人为乐""赠人玫瑰手留余香"等美德，也就是表达的这样一种道德境界。第三，社区思想教育是社区居民思想品德发展和完善、提升审美境界的重要途径。一个道德高尚的人，懂得如何欣赏他人、欣赏美好的事物，在欣赏事物中能够体会幸福，能全面把握事物的本质。也就是说"个体享用的实质是个体在道德学习与生活中领会、体验道德人生的幸福、崇高、人格尊严与优越，因而具有审美的性质，同时践行道德从这一角度看亦可谓道德人生的立美创造"。②

2. 社区思想教育的社会外化功能

社区思想教育社会外化功能也称社会性功能，是指社区思想教育通过对社区居民的教育及规范，形成主流意识认可的行为表现，对社会稳定产生的积极影响。在社会调控方面，社区居民与社区之间难免会发生一些矛盾与冲突，如果不及时加以调解，很容易造成不良影响。而巧妙运用思想教育的说服教育、心理疏导功能将有效解决诸如此类的问题。在社会整合方面，社区居民作为思想教育的主体对象，是社

① 鲁洁，王逢贤．德育新论 [M]. 南京：江苏出版社，2002：79.
② 檀传宝．德育原理 [M]. 北京：北京师范大学出版社，2007：76.

会基层治理的群众基础，在和谐社区建设和社区可持续发展中负有重要责任，应当在思想教育的引领教育下积极树立国家意识、集体意识和社区意识，社区思想教育在其中起着凝聚整合的作用。在社会发展方面，社区思想教育是维护基层社会稳定的重要手段，也为基层社会治理现代化健康有序发展指航导向。归纳起来，社区思想教育的社会外化功能主要是政治、经济和文化等方面的功能。

一是社区思想教育的政治功能。即社区思想教育通过培养具有特定思想政治素质的社区成员以推动社区政治发展。社区思想教育是执政党联系、沟通社区居民群众的桥梁和纽带。一方面，社区思想教育承担着将党和国家大政方针、重大部署及时向人民群众宣传解读的责任和使命，让社区居民群众更加深入细致地了解执政党的执政理念、政府的相关决策，增强政治认同感与归属感；另一方面，与居民群众的教育互动，能够真正深入社区、深入群众，了解掌握基层群众的真实思想动态，获取群众的意见或者建议，使党和政府的相关决策充分体现基层群众的最根本利益。同时，我国正处于社会主义现代化发展的关键期，在改革开放深入推进的进程中，思想领域、意识形态领域也面临着新的严峻挑战。社区作为基层社会治理的主要场域，各种思想意识、各种社会观点交叉碰撞，需要及时用马克思主义中国化的最新理论成果武装头脑，践行社会主义核心价值观，坚决抵制非主流意识、非主流文化、非主流思潮对基层社会的侵蚀，加强基层社会治理现代化建设，实现社区的和谐和可持续发展。归纳起来，社区思想教育政治功能主要是传播主导意识形态，调节基层社会精神生产；传播主导政治意识，引导社区居民的政治行为，构建基层社会良好的政治生态；沟通基层社会信息，确保基层社会的有机联系，促进基层社会政治的稳定和发展。

二是社区思想教育的经济功能。即社区思想教育通过调动社区居民的积极性，促使其主动参与经济建设以促进经济发展的积极作用。

社区思想教育在维持基层社会稳定和提升基层社会群众整体素质的基础上对社会经济起到积极的促进作用。一方面，社区思想教育为基层社会发展确定方向，进行正确引导，因而直接关系到经济建设的战略部署与方向性问题。社区思想教育的开放性和渗透性，使得其不仅直接作用于基层社会人的个体，也同时也作用于社会基层各种组织，使基层社会经济发展与国家的整体产业布局、科学发展和可持续发展要求相一致、相吻合。另一方面，社区思想教育大力弘扬社会主义核心价值观，唱响主旋律，传达着科学的思想，正确的人生观、价值观、世界观，激励着每个社区居民积极进行社会集体活动，培养社区共同体精神，以更加积极、乐观、严谨的态度参与到基层社会治理建设中，不断增强社区建设和社区发展的主动性，进而使每一个社会成员都自觉投入到我国社会主义现代化建设和民族复兴的伟大事业中来，为我国经济事业健康发展汇聚强大的思想、精神力量。一言以蔽之，社区思想教育是基层经济建设坚持社会主义性质和方向的可靠保证，是推动基层社会生产力发展的精神动力，是营造基层经济建设发展和谐社会环境的重要手段。

三是社区思想教育的文化功能。是指社区思想教育对基层社会文化结构及其各组成部分的影响，包括社区思想教育的文化传播功能、文化选择功能、文化创造功能。首先，社区思想教育是基层社会文化传播与发展的主渠道。社区思想教育承担着传播社会主义意识形态主流文化、先进文化的重要职责，充分体现着最广大人民群众的根本利益。社区思想教育能够起到文化的传播与渗透作用，社会主义发展过程中不可避免地会出现其他非主流文化，而社区思想教育所起到的作用就是将主流文化传播渗透到人民群众的生活、工作中去，渗透到非主流文化中去，以使其能够在社会主义的规范下健康发展。其次，社区思想教育为社区文化选择提供了基本遵循。文化与政治相互影响、相互交融，是思想政治的重要载体。对于文化的选择需要符合国家的政治要求，需要经过思想政治教育的层层过滤，确保基层社会治理中用先进的文化引导人、教育人、鼓舞人。第三，社区思想教育是社区文化创造的内驱力。社区思想教育需要通过多种手段和方式来实现其教育目标，其中文化教育、文化熏陶是必不可少的重要载体。一方面，我国优秀传统民族文化使我国屹然于世界民族之林，受到世界人民的瞩目，社区思想教育需要发掘和传承优秀传统文化，开展丰富多彩的文化活动，充分发挥传统文化育人优势，使广大社区居民不断增强文化认同、文化自信。另一方面，社区思想教育又要根据基层社会发展和人的全面发展的需要，在文化传承的基础上不断进行文化创新。文化的传承是对传统文化中的精华的肯定、继承与发展，需要取其精华，去其糟粕，不断创新发展，推陈出新，革故鼎新。同时，更要丰富人们的物质文化生活，不断加强社会主义核心价值体系建设。

二、新时代社区思想教育的主要作用

社区思想教育的功能是否能够全面发挥，取决于其内在的固有功能与新时代社会发展需求的结合程度，社区思想教育的功能实现要以社区思想教育的积极作用表现出来。新时代社区思想教育的实际效能必须以其内在功能为基础和前提，根据人的全面发展和社区的可持续发展的需要，把着力点聚焦在铸人铸魂、凝心聚力、减负释压、明理增信四个方面，充分发挥社区思想教育现有功能和潜在功能的应有作用，实现功能效用的最大化、最优化。

（一）铸人铸魂——品格导向

铸人铸魂，这是社区思想教育的核心价值。铸人，也即培育人才。社区思想教育贯彻立德树人总方针，培根铸魂尤其重要，此处的“魂”指的是思想的精髓、优良的品格、崇高的精神。社区思想教育铸人铸魂，是家庭教育、学校教育和社会教育一体贯通的体现。人是一体多面的，在家庭是家庭成员；在单位或者其他社会组织、社会团体，是单位人、组织人、团体人；在社区，是社区人、社会人。社区居民来源的复杂性、身份的多样性、文化程度的差异性等，实际上表明，社区思想教育所面对的主要工作，是对社区居民在受过家庭教育、学校教育和单位组织教育的基础上，作为社会人进行再教育，是一个思想再造的过程，也可以说是对社会人的一种思想再强化教育。

1. 培树以德为本的道德操守

社区思想教育育人必先育德，育德必先育魂。现代社会是一个丰富多彩的大舞台，社区思想教育不是封闭的“玻璃瓶”。成长于社会转型期的社会人的价值观念不可避免地发生着变化。社区思想教育要与时俱进，丰富充实德育内容，紧贴时代发展的脉搏，坚持以为人民服务为核心，以集体主义为原则，推进社会公德、职业道德、家庭美德、个人品德建设，大力弘扬社会主义道德。社区思想教育要突出实效性与实践性，推动践行以文明礼貌、助人为乐、爱护公物、保护环境、遵纪守法为主要内容的社会公德，鼓励人们在社会上做一个好公民；推动践行以爱岗敬业、诚实守信、办事公道、奉献社会为主要内容的职业道德，鼓励人们在工作中做一个好建设者；推动践行以尊老爱幼、男女平等、夫妻和睦、勤俭持家、邻里互助为主要内容的家庭美德，鼓励人们在家庭中做一个好成员；推动践行爱国奉献、明理遵规、勤劳善良、宽厚正直、自强自律为主要内容的个人品德，鼓励人们在日常生活中养成好品行。[①] 社区思想教育在推进新时代公民道德建设，深化道德教育引导、推动道德实践养成、发挥制度保障作用的基础上，积极引导社区居民坚持积善成德、从我做起，见贤思齐、强

---

① 教材编写组. 思想道德与法治（2021年版）[M]. 北京：高等教育出版社，2021：131—179.

化修为，弘扬时代新风，以“小我”融入“大我”，将“小善”汇聚成“大善”，进而在全社会形成崇德向善、德行天下的时代风尚。

2. 弘扬以法为循的法治意识

社区思想教育着眼于人的社会化，突出社区居民遵纪守法意识的培树养成。“无规矩不成方圆”，随着人类社会的不断进步和发展，法律越来越受到人们的重视。法治是社会主义核心价值观中社会层面的内容，社区居民作为社会主义法治国家的公民，必须做到讲规矩、守底线，主动学法、知法、懂法、守法、用法，养成依法依规依纪办事的行为习惯。要教育社区居民懂得法治社会的基本要求，着力增强社区居民的法治意识，形成遵纪守法的共识。只有每一个公民都做到遵纪守法，国家才会稳定，社会才会安宁；只有每一个公民遵纪守法，家庭才会和睦，生活才会幸福。也要使社区居民明白，如果公民不懂遵纪守法，违法犯罪多了，正常的社会秩序就会受到破坏，更谈不上社会发展与进步。通过法律基本常识的教育引导，使社区居民掌握了解宪法、物权法、合同法、劳动法、婚姻法、刑法、刑事诉讼法、治安管理处罚法等与老百姓生活、工作息息相关的法律基本知识，端正思想认识，提高法治意识，自觉以法律来约束自己的日常行为，不做违法乱纪的事情。社区思想教育在社区居民知法懂法的基础上，还要积极引导社区居民学会用法，动员每一位公民行动起来，维护法律权威，运用法律维护自身合法权益，当自身合法权益受到威胁时，懂得拿起法律作为武器，保护自己不受侵害。

3. 培养雅行美止的行为习惯

社区思想教育的核心思想是让受教育者先学会做人，因为良好的素质可以把外部获得的知识、技能内化、升华为人的稳定的品质和素养。社区教育不只是传播专业知识和技能，更重视人的综合素质的培养，特别是思想素质，因为思想素质是一种基础性的素质，对于其他素质的形成和发展具有决定性的影响，对于人的人生观、价值观和世界观形成具有决定性的作用。社区思想教育在人的“人化”“文化”这一过程中充当了极其重要的作用，它使得社会文明在个人身上得以传承。一个社会的存在与发展离不开它所需要的物质与精神的条件，物质和精神财富的积累理所当然由社会主体的人去建设。社区思想教育赋予新的“学生观”，立足于人的生命整体，强化美行雅止培养，使社会人的知识、能力、体魄、内质、个性、创造性以及社会适应性都会得到良好的发展，培养“完整”意义上的人。[①]从社会学意义讲，一个自然人并不具有创造和发展社会的能力。社区思想教育使得“人化”和“文化”予以实现。通过“文化化人”，实现人的“社会化”和“再社会化”，使人成为一个能够秉承人类文化成果，最终具有智慧与力量，能够担当社会主体责任的人。

（二）凝心聚力——社会导向

社区是由一个或多个居民小区组成的区域概念，社区组成人员处于相对松散的状态，一般只是共同居留一域，彼此之间交流互动不多，甚至邻里之间“鸡犬之声相闻、老死不相往来”，人与人之间是“熟悉的陌生人”。这与新时代基层治理现代化的基本目标不相称，也与和谐社会建设的基本要求不相符。一个没有共同价值追求、共同目标精神的社区，是没有“灵魂”的区域“空壳”。社区思想教育就是致力于打破这种低层次的、组合式的社区简单构成，真正把社区教育做成“关于社区的教育”。社区思想教育不仅要重视培养社区居民与社区相互关系的意识与责任，而且要重视培养社区居民的社区意识、社区角色和社区精神，使社区居民积极参加社区建设，形成社区的群体凝聚力。

1. 培养居民的社区集体观念

首先，社区思想教育内容中包括了民主教育这一内容，其对培养

① 黄木生．教育的核心价值是“铸人铸魂”[N]．湖北日报，2005-10-18

社区居民的民主意识具有十分重要的作用。社区思想教育者通过向居民介绍民主观念，可以不断加深居民对民主观念的印象，从而激发居民了解民主观念的积极性，最终使社区居民都能以民主的观念来解决社区中的大小事宜。其次，社区思想教育有助于提高居民对社区的认知程度。社区思想教育者通过对社区功能、社区环境、社区组织等方面的广泛宣传，增强社区居民对其生活空间的了解和认识，提高社区居民对社区的满意度，从而强化社区居民对社区的认同感和归属感，提升自我的精神境界和思想意识。最后，社区思想教育还有助于培养居民的责任意识。对居民开展思想教育，其目的就是让居民意识到自己不仅是利益的享受者，更是对社区的建设与发展有一定的责任，提高其社区参与的积极性和主动性。

2. 强化居民的社区主体意识

首先，社区思想教育有助于调动社区居民参与的积极性和主动性，将被动参与转变为主动参与。由于动机产生行为，而追求利益又是大多数人的行为动机。因此，社区思想教育者要着力发掘出社区参与和社区居民之间的利益关系，引导社区居民形成社区参与的习惯。其次，社区思想教育通过培养居民的民主意识、集体意识、责任意识以及参与能力，不断促使居民形成社区参与的良好习惯。[①] 再加上社区思想教育工作者的宣传和说服，使得社区的全体居民都不断转变自身的思想观念，规范自身的行为，积极参与到社区活动当中。最后，社区思想教育工作者需要不断改变居民的思想观念和思维方式，来帮助居民克服参与社区活动的心理障碍。当社区居民通过社区思想教育形成正确的认识后，教育工作者应引导居民将积极的社区参与意识转变为社区参与行为。这样一来，社区思想教育才可以很好地提升居民社区参与的自主性。

① 曹志红 . 浅论思想教育在社区思想教育中的作用 [J]. 教师 .2018（18）：114—115.

3. 提升居民的社区共建能力

首先，社区思想教育的开展有助于提高社区居民制定社区公共制度的积极性，由于居民是社区的主体，社区公共政策的内容直接影响到他们自身的利益，因此，开展社区思想教育就会提高居民的参与能力和决策能力，使社区制度的制定更加科学民主。其次，社区思想教育通过对利益诉求表达的公共政策、目的、意义、方式方法、技巧和渠道的宣传和教育，使社区居民了解什么是利益诉求、为什么要表达利益诉求，怎样表达利益诉求，从而提高社区居民准确表达利益诉求的能力。最后，社区思想政治教育有助于激发社区居民参与社区活动中的积极性，从而提高他们对社区活动的组织和宣传能力。① 此外，社区思想教育还涉及社区的经济性事务，进行必要的政治、经济和法律的宣传，这样不仅可以使居民更加了解经济性事务的工作内容、操作流程，还可以增强居民对经济性事务的参与能力。

（三）减负释压——心理导向

心理疾患高发影响和谐社会建设，社会对心理健康服务的需求日益突出，社区思想教育通过对社区居民心理及精神健康进行及时有效介入、干预，能够有效减轻社区居民心理负担、舒缓心理压力，提升社区居民的幸福感、安全感。

1. 保障社区居民心理健康

社区思想教育中的心理健康服务，是指在社区思想教育过程中，运用心理科学理论和相关技术手段，组织社区居民通过谈心交流、社会交往、文体娱乐等活动，促进居民精神心理健康的实践活动。通过心理卫生和精神卫生培育，引导社区居民正确处理生活与工作的关系，

① 郝利荣．社会主义核心价值观融入社区治理研究[J]．法制与社会．2019（26）：125—126.

正确应对事业及生活的压力，正确处理个人与他人、个体与群体等关系，从而达到预防或治疗社区居民身心两方面疾病的目的。具体地说，社区心理健康服务的宗旨在于：培养儿童及青少年强健的体魄，养成健全的人格；助力成年人辩证看待事业人生起伏，预防精神疾病、神经性疾病、病态人格等精神心理疾患；帮助老年人应对老年生活带来的各种生理及心理不适，快乐过好退休生活。社区思想教育借助心理健康服务，及时介入干预社区居民的各种心理问题，缓解压力，消弭心理障碍，最大限度保障社区居民心理健康。

2. 提高社区居民适应能力

社区思想教育立足于人的生命整体，超越人的自然属性，建构个体主体精神，指导社区居民形成独立的人格，具有现代思想意识、思维方式和公民意识、责任意识，进而促进个体自我完善和发展。社区思想教育突出社区心理健康服务，其价值取向是，让社区居民学会做人、学会认知、学会做事、学会交往，在成为一个“完整”的人的基础上最终成为一个“整体”的人，实现人与人、人与社会的和谐共处。在人生观、价值观、世界观的教育中，帮助社区居民树立积极健康的开放胸怀，在社会生活和社会实践中，在提升自身的同时，不是被动地去适应社会，而是积极地去迎接社会的挑战，从而提高社区居民适应社会发展的能力，应对各种复杂环境挑战，提高社会抗压能力，增强居民预防身体及心理疾病的能力，最终提升居民的幸福感。同时，良好的社区心理服务不仅保护单个居民的心理健康，同时也促进整个社会的心理健康，缓解社会负性情绪，为培育国民健康理性的社会心态，增强国民的幸福感、安全感、获得感作出贡献。①

3. 创设社区和谐环境

社区思想教育着眼于社区居民精神世界的改造与重塑，高度关注

① 金子涵．把社区建成心理健康服务第一阵地 [J]. 民生周刊 .2021（18）：71—73.

社区居民的思想健康状况，有针对性地进行思想教育与积极引导，推进基层社会治理和谐有序。随着现代社会的高速发展，社区不仅成为居民的生活集散地，同时也是社会人工作的基本单元。社会转型期社会节奏不断加快，社会竞争日趋激烈，使得不管是单位人还是社会人都承受着巨大的压力，这种压力包含工作压力、生活压力、学习压力以及邻里纠纷等诸多因素，导致人们生活事业压力不断加大，一些人因不堪重负而精神抑郁，因心理疾病不能及时排解以至走向极端。基层治理中大量的案例表明，社区居民的心理压力如果得不到适当的释放引导，就容易转化成心理疾病，甚至引发社会问题，成为基层治理的社会矛盾和难以化解的不稳定因素。社区思想教育把心理健康服务纳入社区服务和社区发展规划之中，把社区建成居民心理健康服务第一阵地，是时代之需，也是居民期盼。社区思想教育介入干预人们精神心理健康的水平能力，已成为检验社区治理能力与服务水平的重要指标。

（四）明理增信——政治导向

社区思想教育以马克思主义基本理论为主题，以党史、新中国史、改革开放史、社会主义发展史教育为重点，拓展丰富政策形势教育的内容和载体，占领社区思想政治建设主阵地，涵养社区居民政治品格、政治素养，夯实基层治理的思想基础，发挥基层社会治理政治引领、价值导向的实际效能。

1. 把稳社区居民思想之舵

新时代社区思想教育很重要的任务就是教育社区居民知大势、识大体、明是非。社区思想教育必须做到用马克思主义基本原理、普遍真理武装好社区居民的头脑，注重用马克思主义时代化最新成果的理论灌输与熏陶，实现马克思主义从时代化到大众化的飞跃。党的十八大以来，习近平总书记站在党和国家事业发展全局的战略高度，多次就学习党史、新中国史、改革开放史、社会主义发展史作出重要论述，反复强调“四史”是对中国共产党人精神谱系的丰富发展，是坚持和发展中国特色社会主义、把党和国家各项事业继续推向前进的必修课。加强社区“四史”教育，是时代赋予广大社区思想教育工作者的重大现实任务，也是社区思想教育的重要抓手。以“四史”作为社区思想教育的核心内容，着力培养社区居民的历史眼光、历史思维和历史意识，引导广大社区居民深刻理解和把握历史规律和历史趋势，总结并牢记历史经验与教训，在时代转型巨变中把握本质和全局，始终保持头脑清醒、处变不惊、方向正确的思想状态，为社会基层治理现代化打牢坚实的群众思想基础。

2. 筑牢社区居民信念之基

自古以来，国家兴亡匹夫有责，只有把个体的价值与社会的价值紧密联系起来，与国家民族的命运紧密联系起来，个体的价值才能得到升华放大。新时代社区思想教育就是要通过“立信仰、坚信念、树信心”，使中国梦、复兴梦成为全体社区居民的共同理想追求。当今时代，坚定理想信念不仅是共产党人的精神操守，也是全体中国人民安身立命的根本。新时代社区思想教育，要深入开展马克思主义政治理论教育、政策形势教育，特别是把党史、新中国史、改革开放史、社会主义发展史作为鲜活的教材，采取丰富多彩的教育方式警醒人、鼓舞人、引导人，使党情、国情和世情及时深入基层、深入民心、深入千家万户，让广大社区居民从中寻找理论滋养、精神支柱，坚定对中国特色社会主义和共产主义的信念，对实现中华民族伟大复兴的信心，引导广大社区居民坚定政治信仰，真正将个人梦和国家梦结合在一起，使每一个人都成为新时代中国特色社会主义的建设者和奋斗者。

3. 激发社区居民奋进之力

社区思想教育不仅是指路明灯，更是汇聚磅礴力量的思想武器。习近平总书记指出，“历史是最好的教科书。对我们共产党人来说，中国革命历史是最好的营养剂。多重温我们党领导人民进行革命的伟大历史，心中就会增添很多正能量。”他的话为新时代社区思想教育指明了方向。社区思想教育讲深讲透党史、新中国史、改革开放史、社会主义发展史，既是广大社区居民“明理增信”的现实需要，更是奋力笃行的强大动力。社区思想教育要紧密结合社区建设的实际，结合基层社会治理的实际，结合社区居民的思想实际，有针对性地开展社区“四史”教育，使广大社区居民从中国共产党的光辉历史中传承红色基因，从丰富的思想文化遗产和宝贵的精神财富中汲取精神力量，从中华人民共和国成立以来的辉煌成就和改革开放的宝贵经验中受到启迪教益。

第三章
新时代社区思想教育的组织与保障

新时代社区思想教育是社区教育内涵发展的新阶段，也是传统思想教育的新领域和新拓展。要确保新时代社区思想教育的顺利开展，有效发挥社区思想教育的功能作用，必须着力从思想认识、体制机制、队伍建设、课程资源和基础建设等多个方面、多个层次，建立起强而有力的组织保障体系。

一、深化社区思想教育的认识与理解

深入开展社区思想教育，是贯彻落实习近平新时代中国特色社会主义思想、构建和谐社会的必然要求，也是社区教育深入发展的必然结果。要不断加强对社区思想教育重要性和紧迫性的认识，牢牢掌握社区思想教育的主导权和主动权。

（一）强化社区思想教育的责任使命

一是要不断增强社区思想教育推进社区教育发展的紧迫感。新时代社区教育走向问题是社区教育内涵发展的根本问题。当前我国社区教育正处于试点实践后逐步全面深化的关键期，这也是根据新的形势任务，反思过去的方式方法，重新界定社区教育内涵的正本清源期。实践表明，对社区教育，既要看到其蓬勃发展、成效不断放大的一面，又要清醒认识到社区教育资源有限，其内涵内容不可能包罗万象，社区教育功能作用独特，不可能面面俱到。防止社区教育发展泛化倾向和社区教育“包治百病”的简单思维，提高社区教育的质量，已是社区教育内涵发展的当务之急。社区思想教育相较于社区教育，虽然只是多了“思想”两个字，但正因为“思想”的内涵发展而使得社区教育主题更加鲜明、重点更加突出、目标更加明确，也正是因为社区教育深刻的思想性，才彰显出社区教育的时代意义。把思想教育作为社区教育内涵发展的主要内容，既是社区教育发展的方向保证，也是社区教育公共教育服务产品的质量保证。新时代社区教育高质量发展必须紧紧围绕和谐社会建设目标任务，不断提高思想站位和认识高度，要充分认识社区思想教育的价值意蕴，树立起社区思想教育是社区教育生命线的理念。

二是要不断增强社区思想教育推进社区建设发展的责任感。社会治理是国家治理的重要内容，而基层治理又是社会治理的重要组成部分，是社会治理的重点和难点所在。在基层治理中，社区思想教育是社区治理主体对社区成员进行的以和谐善治为目的地社会实践活动，它的核心是解决人的思想问题和满足人的精神需求，发挥着精神引领和思想导向作用。要充分认识社区思想教育在推进基层治理中的基础性、战略性作用，把社区思想教育作为基层党的建设的重要工作和政治任务，摆在重要位置，列上重要日程，明确责任目标，强化具体措施，充分发挥社区思想教育在全面提升基层组织政治功能和组织力方面的作用；要根据新时代基层治理现代化的新形势、新任务和新要求，把社区思想教育作为社区建设发展的重要内容和实践载体，实现社区思想教育与社会基层治理的紧密结合，使社区思想教育更加有效地服务于社会基层治理全局。

三是要不断增强社区教育内涵发展的使命感。社区思想教育是与社会发展紧密联系的，是在社区教育推进的过程中不断丰富发展的。自20世纪90年代以来，社区教育在社区建设的背景下不断被重新提出、重新诠释、重新定位，特别是党的十八大以来，在全面深化社区治理的新形势下，社区教育被赋予了新的内涵和使命。同时，我国在社区教育的全面推进中，不断遭遇效率低下的挑战，社区教育转型提质的呼声伴随着社区教育的发展而愈加强烈，思想教育的各种要素在社区教育中呈现出由隐性逐渐向显性转变的趋势，思想政治教育和道德品质教育在社区教育中的比重不断增加。当前，在社会转型催生的社会治理新形势和社区教育发展新阶段中，社区教育内涵发展有了新的依托和新的实践，多彩的时代和丰富的实践，为经验总结和理论思考提供了基础，也提出了新的挑战。新时代社区教育要与时俱进，随着形势发展变化而不断丰富充实，切实将思想教育贯穿于社区教育全过程。

（二）营造社区思想教育的浓厚氛围

一是舆论宣传常态化。充分利用报纸、广播、电视和网络平台等新闻媒体加强宣传与引导，大力宣传社区思想教育推进社会基层治理现代化、推进学习型社会建设和和谐社会建设的重大意义，宣传党和国家对社区思想教育的相关政策；总结推广社区思想教育的先进经验和先进典型，大力宣传社区思想教育的鲜活成果，凝聚社区社会共识、形成发展合力。以此扩大社区思想教育的社会知晓度与社会影响力，提高全社会特别是社区思想教育主体对社区思想教育的政治站位和思想认识，努力营造全社会共同关心支持推进社区思想教育的良好氛围，进而形成汇聚各种社会力量、整合社会资源、社区全员参与的新时代社区思想教育整体格局。同时，舆论宣传要下沉社区，要在基层社区设立社区思想教育宣传栏、专报栏，在社区工作群、社区居民群搭建社区思想教育网络平台，加大社区思想教育线上线下结合的舆论宣传力度，让社区思想教育的基本理念、基本思想、基本知识和社区思想教育的经验典型深入社区居民群众心中，为社区思想教育的全面开展打牢思想基础、做好舆论准备和正面宣传引导。

二是理论研究科学化。社区思想教育研究科学化，就是要用科学的观点指导社区思想教育研究，用科学的理论和方法组织开展社区思想教育研究。社区思想教育研究科学化旨在研究社区思想教育本身，现阶段的社区思想教育研究思路，要重视研究定位系统化、研究方法科学化、研究主题社会化、研究队伍专业化，注重提升社区思想教育研究的组织化程度。新时代社区思想教育作为一个思想政治教育领域的新课题，集中就其理论体系的构成、功能作用的发展、方法策略的探索等方面进行深入的研究探讨，反复甄别，准确定位，无疑是必要的。首要的是使新时代社区思想教育学科专业化程度提高，促使社区思想教育逐步制度化、规范化和标准化，为社区思想教育实践者提供科学理论指导，为管理部门和相关决策部门提供参考依据。同时，社区思想教育科学化研究氛围的日渐浓厚，也表明社区思想教育不仅仅在实践层面上不断深入发展，而且在理论层面上也已经引起了关注和重视，实现了实践与理论的良性协同。

三是活动开展长效化。要以主题鲜明的社区思想教育活动，增强社区思想教育的渗透力、感染力和吸引力。一方面，要保证精神产品的鲜活与丰富。借助社区教育的各种载体和网络平台等多种途径，深入浅出地解读与呈现社区思想教育核心价值观的精神内涵，营造浓厚的思想教育氛围，激发社区居民的荣誉感、上进心；开展“以文化人”的渗透式德育，打通地方文化与国家价值共识的内在联结；发动居民按照核心价值观要求，制定完善社区制度，使社区居民内心有尺度、行为有准则。另一方面，社区思想教育活动要有层次性与针对性。可充分运用群众日常活动场所，将社区思想教育融入居民的日常活动中，针对不同层次居民的社会属性，组织多层次、多领域的开放活动。对新来社区居民，可为其介绍社区规范和制度；对外来民工，可加强劳动技能以及心理知识方面的培训与辅导；对下岗工人，可对其进行慰问并开展就业指导；对青少年，可开展网络基础教育以及体育活动等；对新婚夫妇，可开展有关家庭伦理和两性关系的教育；对社区老年人，可进行保养健身的相关教育。通过形式多样、丰富多彩的活动，使社区思想教育做到润物无声。[①] 总之，社区思想教育活动实现长效化，其热度和实际效果本身就是对社区思想教育最好的宣传。

二、健全社区思想教育的体制与机制

新时代社区思想教育必须适应新的形势发展需要，不断探索和创新制度机制，加强组织领导，强化协同运行，在社区教育深化发展的过程中按照科学化、制度化、规范化的要求开展。

（一）组织领导机制

社区思想教育的组织领导机制是由其自身性质和所承担的目标任务所决定的。社区思想教育本质上是党的思想建设的重要组成部分，因为其作用的范围主要是在社区，面对的主要对象是社区居民群体，其实施是以社区教育为主要载体，使得社区思想教育的组织领导具有了交叉性、多重性，呈现出立体化的组织领导格局。

在宏观思维上，社区思想教育组织领导机制要与党在社区的执政方式高度契合。社会转型时期，各种社会矛盾和社会问题必然会聚集到社区，执政党所面临的风险和考验也将会反映到社区。通过社区党

① 廖海娥．新时期社区思想政治工作的几点建议 [J]. 环球市场，2018（24）：228.

建加强党的基层组织建设，增强党对基层社会的影响力和渗透力，推进社区发展和社区建设，做好基层群众的思想教育工作，使广大人民群众紧密团结在党组织的周围，才能巩固执政党的社会基础，强化党对基层政权的控制能力。这就要求社区党建工作也要不断探索创新，特别是在组织体系网络化、活动方式社会化、管理形式属地化上下功夫。① 社区思想教育作为党在社区的重要领导方式，要通过社区党建促进社区建设，社区思想教育促进社区建设，促使社区内各类利益主体形成共识，积极参与社区公共事务，引导社区的社会自治性向良性发展；整合各阶层、各利益主体之间的矛盾，寻求共同利益，倡导健康向上的价值观念和丰富多彩的社区文化；融汇各种松散、闲杂的社会力量，凝聚在社区周围，形成网络化、系统化的有效管理，并由此构建地域性的“社会生活共同体”。从利益共同体升华为道德共同体、信念共同体和情感共同体，促进人与社会和谐的社会共同体稳固发展。

在制度设计上，要强化党组织对社区思想教育工作的领导核心作用，调整、完善党的领导体制、管理方式、组织体系，探索属地管理、双重管理和协调管理相结合等多重管理模式，构建纵横交织的网络化组织系统；② 要充分重视和发挥其他组织在社区思想教育上的优势，增强社区思想教育的活力；要注重扩展社区思想教育的内容，发挥社区思想教育的服务功能。要遵循“公共参与、人际互动”的基本原则，培植真正意义上的社区力量，扩大群众参与，推动社区自治。

在管理体制上，基于社区教育的思想教育属于终身学习教育体系的范畴，要强化终身学习教育体系对社区思想教育的作用。尽管在我国终身教育越来越受到重视，特别是党的十九届四中全会强调要构建服务全民终身学习的教育体系，把全民终身学习教育体系的构建上升

① 马奇柯．社区思想政治教育机制优化规律探析 [J]. 中共济南市委党校学报，2007 (3)：45—49.

② 夏军，马西恒．城市社区党建：内涵与体系 [M]. 上海：学林出版社 .2005.

到了新时代的新高度，但在具体实践中，终身学习教育在教育部的管理体制上是与职业教育放在一起的，由职成司统一管理，省和市一级地方教育部门也相应建立了职成处、职成科，一定程度上是把终身教育当作职业教育的一部分或者是辅助部分。这一方面与终身教育的性质是不相符的，另一方面也与国家对终身教育的重视和要求不匹配。终身教育蓬勃发展的客观实际要求必须有专门的机构进行统筹管理。国家教育部门在机构设置上要加强对终身教育管理的专门性和针对性，应建立终身教育司，明确终身教育统筹、管理和指导的专门职责，地方教育部门应建立相应部门，理顺终身教育的管理体制。当前终身教育实践中，普遍做法是，省、市一级地方党委、政府联合成立终身教育领导小组，在各级广播电视大学或者开放大学加挂终身教育指导中心、社区大学的牌子履行终身教育、社区教育的相关职能，实践证明这是可行的、也是有效的。社区思想教育作为社区教育中的思想教育，在具体实施中，各级终身教育指导中心、社区大学必须充分履行好具体组织实施的职能。

（二）协同运行机制

新时代社区思想教育是一个的系统工程，由于其教育主体构成和教育客体构成的复杂性，以及教育行为实施手段的多样性，不仅要有统一的组织领导机制来加强保障，还必须构建起与之相适应、相匹配的协同运行机制，以确保社区思想教育高效运行。社区思想教育协同运行机制建设的关键在于机制本身是否具有合理性、有效性，是否充满活力。社区思想教育机制系统是由一个个单个的机制组成的机制集成。从单个的机制看，首要的就是结构的优化问题，因为不同结构形成不同的机制，产生不同功能。从整体看，只有系统中各个机制能够相互作用、相互协同，进而形成联动效应，社区思想教育才能发挥出最大的效益。

一是社区思想教育机制建设科学规范。这是社区思想教育协同运行的基础和前提。从机制的构成上讲，新时代社区思想教育机制建设要正确地反映现实，体现思想教育的基本要求，遵循思想教育的发展规律。新时代社区思想教育机制建设包含三个层面的基本内涵，即在整体构建中要以科学的理论为指导，在建设过程中要采纳科学的方法和手段，在实际运行中要遵循科学的原则。其中，科学理论是灵魂，科学手段是基础，科学原则是保障。在具体实践中，根据社区的实际情况和社会发展形势的变化，社区思想教育机制构成的内容会有一些变化和不同，但其科学规范的总体要求是始终需要坚持的。

二是社区思想教育运行机制连贯一体。新时代社区思想教育机制是一个有机的系统整体，机制中的各个要素、各种制度看似内涵不同、表征不同，但核心理念、目标指向是一致的，彼此是相互关联的。社区思想教育机制运行的过程要有章可循、顺畅有序。社区思想教育的环节主要包括动力发生、有序工作、协同作用、能动接受和效益评估等环节，社区思想教育机制正是在这些环节中联通整合，构成相应的动力发生机制、有序工作机制、协同作用机制、能动接受机制和效益评估机制。整个过程从目标要素开始，由动力发生机制启动，由有序工作机制执行，由协同作用机制转换，由能动接受机制实现，最后由效益评价机制反馈。社区思想教育的功能作用正是在各种机制的协同运行中得以实现。

三是社区思想教育机制落实责任明晰。社区思想教育机制协同运行必须有明确的主体来推动，其具体责任要落实到思想教育全过程的各个环节中，需要环环相扣，不留空档，这是社区思想教育顺利开展的根本保证。要按照“党委领导、政府负责、社会协同、公众参与”的社会管理方针，坚持“条块结合、以块为主、齐抓共管、同建共促”的原则，不断健全社区思想教育责任机制。一方面，要不断强化社区教育主管部门的责任。从社区思想教育内在本质属性上看，抓好社区思想教育是教育业务主管部门的分内之事，要负起牵头抓总、组织实施的职责。另一方面，从党的思想建设的角度看，要构建以社区党组织为核心，社区干部为主导，以楼院院长、楼栋楼长、居民组长、社区党员为骨干的思想教育网络；要以社区党政联席会为依托，本着"共建共育、双向服务"的原则，发挥社区内外组织的优势，整合社区思想教育工作的资源，实现政府行政管理和社区自我管理有效衔接、政府依法行政和居民依法自治良性互动；[①] 要充分发挥社区党组织对社区各行政、群团、社会团体的帮助、指导和协调作用，根据各自的职责和特点，开展社区思想教育工作，努力构建社区全员、全过程、全方位的思想教育工作格局。

（三）考评督导机制

考核评价是教育教学的重要环节，社区思想教育的实施过程其实也是一个教育教学的过程，思想教育过程环节是否落实、教育质量是否保证、教育目标是否实现等基本教育指标，都要依靠考核评价来督导推动。

一是要建立社区思想教育评价机制。教学评价是依据教学目标对教学过程及结果进行价值判断并为教学决策服务的活动，是对教学活动现实的或潜在的价值做出判断的过程。社区思想教育反馈评价最重要的作用在于运用它来探明、改善和提高思想教育活动本身的功能。[②] 要着力建立社区思想教育诊断性评价、形成性评价和终结性评价机制，使得社区思想教育过程中教育者表现、居民反应以及社区思想教育内容、方法手段、教育环境、教育管理等诸要素都纳入评价体系之中，实现对社区思想教育环节质控和终末质控的统一。对于社区思想教育

① 林家彬．我国社会治理的发展历程与未来愿景 [J]. 中国发展观察，2018（19）：23—26.

② 吕文升，方天培．现代教育学 [M]. 上海：复旦大学出版社，1993.

的受众来说，可以及时得到教育效果的反馈信息，提出对社区思想教育的供给需求；对思想教育者来说，可以及时了解社区教育的过程和结果，便于发现问题与总结经验，从而改进社区思想教育的方式方法，确保社区思想教育的针对性和实效性。

二是要建立社区思想教育督导制度。我国教育督导是政府的行政督导行为，主要范围是普通中小学教育和幼儿教育，目前并没有把社区教育纳入其中，鉴于社区教育在构建服务全民终身学习教育体系、推进基层治理现代化等方面的重要作用和时代价值，把社区教育纳入政府教育督导的范围已是大势所趋。社区思想教育是社区教育内涵发展的实践载体，也是终身教育的重要组成部分，把社区思想教育上升到政府教育督导的高度持续推进，既可以确保社区思想教育经费、场地、师资等基本物资条件的支持到位，也是对社区思想教育质量的有效保障。同时，上级党委要将下级党组织抓社区思想教育工作责任制的落实情况纳入党政领导班子和党员领导干部年度考核评价体系，与考核经济社会发展和业务工作一并进行；要制定社区思想教育工作专项绩效考评科学体系，坚持把“上级认可、群众满意”作为根本评判标准，研究制定定性、定量相结合的绩效考评科学体系，将社区思想教育工作的标准要求转化为群众关心、可感知、好操作的具体指标，转化为基层干部乐意干、创新干、有实效的具体措施；要把社区思想教育工作与群众性精神文明建设结合起来，逐步把社区思想教育工作纳入文明城市创建考核验收范围。①

① 广东省政研会课题组．新时代加强和改进社区思想政治工作 [OL]. 理论频道．人民网．（2018-02-02）[2021-06-27]http://theory.people.com.cn/n1/2018/0202/c40531-29802969.html.

三、加强社区思想教育的队伍建设

新时代社区思想教育工作的特殊重要性，对社区思想教育工作者队伍建设提出了更高的要求，要根据社区思想教育的新任务新要求，加大队伍数量和整体素质的建设力度。

（一）明确社区思想教育队伍素质的基本要求

社区思想教育工作者专业素养是社区思想教育事业发展的重要保证，影响整个社区思想教育事业的进程。社区思想教育工作者需要不断提高专业素养和工作能力，才能推动社区思想教育事业快速健康发展。科学认识社区思想教育工作者专业素养的内涵，对于提升社区思想教育工作者的专业化水平，具有重要的理论指导意义。

要明确思想道德素养方面的基本要求。社区思想教育工作者作为社区思想教育工作的中坚力量，首先需要具备良好的思想道德素养，主要包括政治态度、工作态度、价值观、个性品质等。社区教育工作者应坚持中国共产党的领导，同党和政府在政治上保持高度一致，坚决践行党的群众路线，牢固树立全心全意为人民服务的思想。遵守在社区思想教育工作中的行为规范和准则，熟悉与社区工作相关的政策法规。此外，社区思想教育工作者除了必须具备爱国守法、爱岗敬业、诚实正直、吃苦耐劳、乐于奉献等基本素养外，还需要具备特有的价值观念和理想。[①]社区思想教育工作者要有正确的社区教育价值观，在终身教育和学习型社会建设理念指导下，具备强烈的发展社区教育的意识、社区意识和归属感。这就要求社区思想教育工作者具备热爱思想教育、关心尊重社区居民、有社区归属感、愿意为社区教育发展一

① 缪力炜，濮民强．社区教育工作者应具备的专业素养[J]．考试周刊，2014（93）：195-196.

直奋斗等素养。这些基本素养是社区思想教育工作专业化的基本前提。

要明确知识素养方面的基本要求。专业知识是专业活动的基础，专业的社区思想教育工作人员必须具备从事专业化的社区思想教育工作所要求的多方面知识。社区教育工作者专业知识体系是一个复杂的系统，既包括广博坚实的人文、社会及自然科学基础知识，又包括不断更新的专业知识和技能。从社区思想教育专业工作的性质来看，知识体系大致可以分为四类：基础性知识、理论性知识、实用性知识、系统性知识等。基础性知识是指社区思想教育的基本理论和相关的政策法规等；理论性知识主要指开展社区思想教育工作所需的相关知识；实用性知识是指社区思想教育工作实践中需要掌握的操作性学科知识。由于社区思想教育工作的复杂性，在具体的实践工作中，专业化的社区思想教育工作者还应具备相关的系统性知识，如社会学、教育学、心理学、法学、管理学、经济学、伦理学知识，这样才能丰富社区思想教育工作的内容，增强社区思想教育工作的实效性，以适应快速发展的社会对社区思想教育的要求。

要明确能力素养方面的基本要求。社区思想教育的性质和社区思想教育工作者所承担的多重角色决定了他们所具有的能力素养应该是多方面的。社区思想教育工作者除了要担任授课者的角色外，还要承担社区思想教育活动组织者的角色。不仅需要具备专业的教学能力，还需要具备较强的综合能力。这就要求社区思想教育工作者具有较强的活动策划能力、沟通和协调能力、教育教学能力、课程开发能力、社会调查能力等。由于社区思想教育没有统一适用的工作模式，地域性和自主性使其在目标、内容、形式等方面呈现出多样化的特点，这就要求社区思想教育工作者具备创新能力。此外，由于科学技术日新月异，知识更新发展迅速，使得社区思想教育工作者要不断更新知识和技能，以适应学习型社会对社区思想教育不断发展的需要。因此，社区思想教育工作者要具备自我发展能力，随时准备接受新兴的教育观念、知识和技能，更新和完善自己的教育理念和知识结构，从而促使社区思想教育工作与时俱进，不断发展进步。

（二）构建社区思想教育队伍的完备体系

社区思想教育包含在社区教育中，社区教育的主体与社区思想教育的主体带有重叠性，广义上社区教育的主体也即社区思想教育的主体，只是同样的主体在素质、能力方面提出了更高的要求和标准。社区思想教育队伍主要是由三部分人员组成：社区思想教育管理者、社区思想教育专职教师和社区思想教育志愿者。管理人员是指社区教育机构、街道（乡镇）及相关部门主要从事社区思想教育管理的工作人员；专职教学人员是指在社区教育机构中专职从事社区思想教育的教学、研究和辅导等工作的专业人员，包括社区教育中心（社区学院）、社区学校、市民学校等机构的在职教师；社区思想教育志愿者是指基于社会公益责任，本着服务社区思想教育的精神，用实际行动推动社会教育事业发展的义务工作者。

要充实配强社区思想教育专职队伍。社区思想教育目标的重要性和工作性质的特殊性，要求社区思想教育工作者要有很强的事业心、责任感，更要求必须具备较高的组织、协调能力和决策水平，要善于深入基层调查研究，根据社区成员的需求，不断调整和更新社区思想教育的内容，推进社区思想教育的稳步发展。因此，在社区思想教育工作者的选拔和任用上要严格把关。选派具有相应资质的人员来从事管理工作；制定科学严格的选拔制度，挑选思想过硬、工作能力较强，有较高组织协调能力、决策水平和创新精神的同志到社区思想教育队伍中来；同时还要注重选拔一些真正懂教育、能熟练运用现代教学手段和操作技能的教师和教育管理者充实到社区思想教育工作者队伍中来，保证其能力和素质与所承担的社区思想教育职责相匹配。

要大力发展社区思想教育兼职体系。社区思想教育志愿者队伍建设是整合社区人力资源、开发社区思想教育课程的有效载体，社区思想教育志愿者队伍正逐步成为目前社区思想教育的生力军。要组建由党员骨干、居民代表、“五老”人员、志愿者、楼栋长、社区能人等参加的兼职社区思想教育工作队伍，强化驻社区单位的社会责任，实现驻社区单位与社区的联动，引入律师、心理咨询师、社会工作师等专业人士成为社区思想教育工作主体，不断扩大社区思想教育志愿者数量。要严格筛选，确保志愿者质量，建立社区思想教育志愿者常备组织。

（三）提升社区思想教育队伍的专业能力

要充分认识社区思想教育者专业素质能力的特殊性。新时代社区思想教育工作者应该是具有现代意识、能完成社会发展赋予社区思想教育工作者的特殊使命的角色，这一角色突出表现为“组织者”“管理者”与“辅导者”的角色。因此，社区思想教育队伍既有和传统的学校教师队伍共同的基本要求，即教育者的基本学历水准、专业（学科）素养、职业素养，同时还要具备社会工作者的特殊专业能力。

要着力加大社区思想教育队伍专业化建设力度。第一，严格从业的标准要求。在素质标准把握方面，必须把普通教育者应当具备的基本素质同社会工作者应具有的特殊素质综合平衡，缺一不可，不可偏废。第二，实施正确的政策导向。在教师专业职称系列中，设置专门的社区教育教师门类，或者在相近的职称系列中，划出相应的社区教育工作者的评聘职位，给社区教育工作者的专业成长提供上升的空间。第三，畅通人才培育渠道。要在高等学校相关专业中，设置社区教育专业方向，把社区教育教师纳入培养计划；在社区思想教育工作者培训计划中，将社会学、社会工作的相关课程纳入其中，强化社会学的知识背景和实践能力；将社区思想教育工作者队伍的继续教育制度化、经常化，提高继续教育的质量，实施社区思想教育持证上岗的制度。

要切实增强兼职社区思想教育工作者规范化管理力度。根据社区思想教育的实际需要，通过各种渠道收集相关信息，建立兼职社区思想教育师资储备库和信息库，组建讲师团，为师资人才资源的共享创造条件，并对其实行网络化和共享化管理。完善培训指导机制，注重遵循社区思想教育的规律和特点，对兼职教师的培训，重点可放在改进教学方法、掌握社区思想教育的规律，以及组织有关社区发展、社区服务、社区文化等专题的学习和研讨上。建立强有力的激励机制，制定相应的考评标准和考核制度，制订具体的实施细则，通过定期的考核、评比，对工作成绩优秀与突出者从精神上、物质上给予奖励。推动社区思想教育志愿者自我学习提高，促进其实践性专业智能发展与职业成长，使其主动适应转岗所带来的各种挑战与学习机会，自觉发挥主观能动性，通过各种途径的自我学习、行动学习与反思性学习，不断改善工作效果，提升专业能力。

四、强化社区思想教育的课程支持

社区思想教育作为教育的一种形式，课程建设是其中重要一环。社区思想教育无论是理论教育实施还是活动的正常开展都需要课程开发的支持，要紧扣思想教育这一主线，突出促进人的全面发展和社区可持续发展这一目标，建设专业化、标准化、规范化的高质量社区思想教育课程体系。

（一）增强社区思想教育课程开发的紧迫性

要把社区思想教育课程开发摆上重要日程。社区教育课程建设是社区教育内涵发展的重要方面，是实现社区教育能力提升的基本途径之一。社区思想教育课程是社区教育课程建设的核心和主线。随着社区教育的不断深入发展，社区教育课程体系建设逐渐成形。近年来，中国成人教育学会社区教育专门委员会一直把促进社区教育课程建设作为一项重点任务和努力方向，由浅入深，着力推进，2007年提出了加强社区教育课程建设总体思路，2009年启动了首批特色课程评审工作。从评审的情况看，多数单位重视社区教育课程建设，共申报了特色课程296门；[①] 在内容上，地域性的历史文化、民俗文化、民间工艺类的课程，卫生健康类，书画歌舞类，闲暇生活类课程，占了这次特色课程申报相当大的份额，凸显了社区教育课程建设的特色。但综观社区教育课程建设的发展过程，结合社区教育课程实施的实际情况，也呈现出一个基本的事实：在社区教育中“思政课程”和“课程思政”的专门建设还没有引起高度重视，尚未摆上应有位置，思想政治教育还没有贯穿社区教育始终。当前，社区思想教育专门课程严重不足，社区思想教育标准不统一、内容不全面、主题不鲜明的问题普遍存在。开发社区思想教育专门课程，在社区教育中始终贯彻课程思政的理念，已是社区教育深入开展的现实课题和重中之重。

要把握社区思想教育课程开发的正确方向。社区思想教育课程开发，要立足社区教育发展的现实需要和社区教育课程开发的客观实际，根据社区思想教育的任务和要求，针对社区居民生活、学习、发展的需要，从教育内容、对象、过程等课程构建的基本环节创新思维、系统推进，确保社区教育课程建设的思想性和专业性。以此出发，社区思想教育课程应以社区居民的思想政治建设为中心，以社区居民的基本思想状况和学习需要、学习兴趣为依据，以社区政治、经济、文化发展的现状和趋势为基础来开发和设计，充分体现课程开发全面性要求。具体来说，在教育对象和教育内容上要体现“三全”：“全员”，即是以全体社区成员为教育对象，要充分考虑社区居民的层次、类别的不同需求；“全程”，即指对每一个人从婴幼儿开始直至生命终结，都

① 张永. 社区教育内涵发展论[M]. 上海：上海教育出版社，2018：66.

要持续地、不间断地学习，彰显终身教育的特点；“全面”，即在教育内容上要为满足社区成员思想政治建设各方面的需要服务，既要有专门的社区教育思政课程，又要在其他的社区教育课程中体现课程思政的基本元素。

（二）强化社区思想教育课程开发的原则性

社区思想教育课程开发应处理好三个基本关系，并作出相应的三重转换：处理好社区教育课程开发一般规律与社思想教育特殊规律的关系，在思维方式上由泛化性思维向集中具体思维转换；处理好理论性与实践性的关系问题，在将社区教育课程与教学的问题视作“如何”的问题的基础上，更多地思考“为何”的问题，真正凸显出社区教育的思想教育目标性；处理好借鉴性与原创性的关系问题，在参照社区教育课程理论的基础上，更多地进行立足社区思想教育的原创研究。

在社区思想教育课程开发具体工作中，应遵循三个基本统一：

一是同一性与差异性相统一。社区思想教育的基本内容、基本目标、基本要求是制度化、规范化、标准化的，不论在何时何地，也无论何种对象，不能降格以求，不能偏离主旋律方向，这是一致的、同一的；但不同的对象、不同的地方、不同的时段，社区思想教育的具体任务、教育方式、素材支持又各有侧重、各有差异。社区思想教育课程要把这种同一性和差异性有机统一起来。

二是主导性与主体性相统一。社区思想教育的主导者是社区思想教育工作者，教育的主体是广大社区居民，社区思想教育课程既要符合社区教育工作者的职业特点和政治理论教育的一般规律，又要充分调动社区居民的主动参与意识。社区思想教育要以满足社区成员多层次的不同需要为原则，注重社区居民的个体意志、兴趣、爱好、工作性质、生活节律、学习方式等基本要素，开设灵活多样的课程，充分激发主体的自觉意识和自觉行动。

三是实用性与思想性相统一。社区思想教育课程不仅重视教育过程，而且更加关注对社区思想教育的辐射带动作用和直接教育成效，即社区思想教育的课程开发应重视实用性，使开设的课程能对提高社区成员素质和工作生活质量有所帮助。对社区思想教育课程设置从内容上讲，应该注重在实用性当中体现思想性，实用性是基础、是载体，而思想性是目标、是主线；从社区思想教育课程整体设置所占比重分析，思想政治理论教育课程应是主要部分，其他课程的设置都是围绕思想教育的辅助课程。当然，辅助性的课程设置不是可有可无，而是思想性课程的有效补充。

五、优化社区思想教育的基本条件

社区思想教育既是社区教育的重要内容，又是社区教育的主线、主题和灵魂之所在，要紧紧围绕社区思想教育的顺利开展，重点在社区教育经费投入、基础设施改善、网络布局建设等方面提供必要条件和重要支持。

（一）加强社区思想教育经费保障

自我国开展社区教育以来，在国家的教育政策中，将社区教育定位于补充教育，对社区教育的投入存在着明显的不足，社区教育的发展难以满足社区居民和经济发展的需要。要根据社区教育内涵发展定位为社区思想教育的实际，充分认识到新时代对社区教育的经费投入，不仅仅是一种教育的必要投入，更是基层社会思想建设的基本物质保障。必须完善现有的经费投入体制，保障社区教育发展的经费需要，从根本上解决社区教育发展的困难，从而为社区思想教育的发展提供必要的经费支持。

一是完善法律体系，为社区教育发展提供坚强保障。自社区教育兴起以来，一些发达国家逐渐建立起了完善的社区教育法律体系，这些经验做法是值得借鉴的。在我国，社区教育经费得不到保障的一个重要原因，是社区教育没有完善的法律保障，一些有关经费保障的法律法规也仅仅停留在宏观的指导层面。社区教育立法体系的不完善，一方面导致社区教育经费的投入缺乏明确、可靠的法律依据，另一方面导致经费的投入、使用、调配缺乏严格的监管。要从根本上解决社区教育的经费投入问题，必须完善社区教育的立法体系，使社区教育经费投入与基础教育、职业教育、普通高等教育等国民教育体系一样有国家法律明文规定。

二是强化政府责任，确保政府投入成为基本经费来源。经费投入是社区教育发展的基本保障，政府财政性投入是社区教育赖以生存的根本，如果政府投入不足，社区教育的发展就失去了最基本的经费来源，只有保证政府投入这一主渠道的畅通，才能给社区教育提供坚实的物质基础。《社区教育示范区评估标准（试行）》（教职成厅〔2010〕7号文件）中明确规定："保障社区教育经费的投入。区（县、市）财政按常住人口每年人均不低于2元标准设立社区教育专项培训经费，并落实到位；建立多渠道筹措经费的机制。经济发达地区，在此基础上进一步增加社区教育经费的投入。"据此，政府应将社区教育的发展纳入工作目标中，在社区发展中优先考虑社区教育的发展，尽快建立社区教育的财政投入机制，只有使社区教育经费投入成为政府专设的一项教育经费投入，才能使这项利国利民的教育事业得以正常开展。

三是引入社会资金，拓宽社区教育经费多渠道来源。加强社区教育的普及宣传，让社区居民真正了解社区教育，从内心接纳和认可社区教育，增强社区教育的社会影响力，提高其自身的筹资能力，吸引更多的社会资金投入到社区教育中。发挥市场的作用，吸收社会资金的参与。教职成〔2004〕16号文件规定"对学习者个人回报率较高的培训可以按照国家的有关规定收费"，根据文件规定，各社区要提供更加实用的培训项目，吸引更多的社区居民参与，对回报率较高的项目可以建立有偿培训的机制。此外，社区教育可以和企业单位合作，通过为企业员工提供职业技能培训，来吸引企业单位的投资，这样不仅增加社区教育的经费，还提高了企业整体的素质。[①]

（二）完善社区思想教育基础设施

社区思想教育必须依托社区教育的平台和载体来开展。社区教育不同于普通高等教育、职业教育和中小学基础教育，这些教育形式都是有固定的教学场地、必备的教学设施的校园教育，而社区教育是一种“老百姓身边的学校”教育，必须满足社区居民“时时学、处处学、人人学”的开放性学习要求，其对象的广泛性、内容的多样性、形式的灵活性，使得社区教育在保证基本教育场地的基础上，还必须达到多点布局、功能完善、设施齐备的标准化建设要求。

社区思想教育要有本区域“实体空间”支持。实体空间，即满足社区居民学习多元化需求的社区教育活动场地。实体空间的主体是指街道办事处、社区居委会办公场所和社区教育的地市级社区大学、县区社区学院、街道社区学校、社区学习中心“四级网络”布点所在地，以及社区公共服务活动场所。实体空间的辅助体，是指除以上主体外的所在辖区其他单位包括机关、企事业单位、社团组织等的场地资源，它们是社区教育实现教学场地、教学设施共建共享的重要空间。一方面，要结合党的基层组织建设、基层治理现代化、城市管理提质升级等中心工作，加强社区基础设施建设，推进街道社区功能用房、功能设施的不断完善，同时加大社区教育“四级网络”标准化布局，为社区思想教育改善学习环境和学习条件提供基本支撑。另一方面，要加

---

① 张娜娜. 社区教育经费投入问题分析及对策研究[J]，亚太教育，2015（10）：279-296.

大辖区单位场地资源整合力度，充分利用社会资源，提高图书馆、科技馆、文化馆、博物馆和体育场馆等各类公共设施向社区居民的开放水平。要动员组织社会各方力量，整合社会各种资源，通过机关对口帮扶、驻社区单位共驻共建、广大居民群众自觉参与等多种形式，整体联动，加强社区基础设施建设。

社区思想教育要有跨区域“虚拟空间”支持。虚拟空间，即运用现代信息技术和远程教育手段，以社区“云教室”、终身教育网等为主体的线上学习服务平台。建设高速、集约、绿色的社区教育、终身教育专网既是新时代社区教育发展的战略需要，也是社区思想教育网络保障从量到质、从有到优的现实选择。信息技术和远程教育的勃兴，使教育实现了时空跨越，为社区思想教育创造了优越的条件。现代教育技术在信息时代的作用越来越不容低估，它具有投资少、见效快的特点，它的两大基本优势是办学的开放性和现代性。事实上，随着信息时代的到来，现代教育技术及远程教育手段对我国教育改革和发展的支持作用已越来越明显。社区思想教育要借助现代通信技术、计算机网络技术等多种手段传递信息，以利于社区思想教育活动的广泛开展，满足社区成员多样化的学习需求。社区内各种教育资源通过网络系统相互联结，能够形成各具特色、密切结合的共同体，从而实现社区思想教育资源的充分共享。

（三）加大社区思想教育网络系统建设

社区思想教育是社会基层治理的重要手段，也是基层党建的重要抓手，社区思想教育网络建设要与社会基础治理和基层党建的整体布局紧密结合。在此基础上，社区思想教育作为社区教育中的思想教育主要依托社区教育网络来开展。因此，社区思想教育要确保全面性和对全体社区居民的全覆盖，必须要建立起完善的社区教育网络体系，构建“一体运行、上下联动、全面贯通”的社区教育格局。教育部等九部委下发的《关于进一步推进社区教育发展的意见》（教职成〔2016〕4号文件）明确规定："建立健全社区教育网络。通过整合资源，建立健全城乡一体的社区教育县（市、区）、乡镇（街道）、村（社区）三级办学网络。各省、市（地）可依托开放大学、广播电视大学、农业广播电视学校、职业院校以及社区科普学校等设立社区教育指导机构，统筹指导本区域社区教育工作的开展。研究制定社区教育办学机构指导性要求。"这是社区教育体系网络布局的指导方针和基本要求，也是社区思想教育依托完善的社区教育网络实现其教育目标的重要保证。

要大力加强四级社区思想教育服务网络体系建设。社区思想教育体系在地方整体布局，要坚持"统筹指导、科学管理、高效运行"的原则，并充分考虑开放大学、广播电视大学垂直办学特点，主要以开放大学、广播电视大学办学系统为基础，强化社区思想教育网络体系建设。具体来说，一级网络：市（地）级依托市（地）开放大学、广播电视大学建立社区大学，统筹指导本区域的社区教育工作；二级网络：县（区）级依托县（区）开放大学、广播电视大学工作站组建社区学院，负责全区社区教育工作的教学研究、教育实践、业务指导、师资力量培训等工作；三级网络：以各街道（乡镇）为主体，整合原有的文化中心或成教中心建立街道（乡镇）社区学校，主要负责辖区内各类社区教育活动，接受区各相关部门的教育培训任务，并加强对社区（村）级社区教育工作的指导；四级网络：在各社区（行政村）建立社区学习中心，因地制宜，开展形式多样、丰富多彩的经常性社区教育活动。要通过不断强化社区教育网络体系建设的落实落地，建好社区思想教育阵地。

第二部分

矛盾与方法篇

本篇包含三章，主要探讨社区思想教育的矛盾、方法与策略。社区思想教育有其特有的矛盾运动规律，既要遵循思想教育的一般规律，又要注意结合社区教育的特点，依托社区教育的深入推进来具体实施，在确保社区教育思想性、政治性、人民性的基础上达成社区思想教育目标。要保证社区思想教育目标的实现，必须在方法上进行深入研究，在策略上不断创新。本篇内容，在逻辑布局上，以矛盾论为突破口，着力解决规律认知问题；以方法论为着力点，明晰社区思想教育的方式方法；以策略论为主线，推进社区思想教育融通联动。由此，实现社区思想教育目标与方法策略的高度契合，充分发挥社区思想教育的职责效能。

第四章
新时代社区思想教育的矛盾

社区思想教育是一项复杂的社会实践活动，在基层社会治理现代化和构建和谐社会的视域下具有特殊的社会责任和历史使命，其功能作用的持久性、长期性和渗透性需要用效率和质量予以保证。效率与质量是新时代社区思想教育价值意蕴的核心指标，离开效率和质量谈社区思想教育就很容易陷入理想主义、构建主义和形式主义的泥沼。本部分从影响社区思想教育效率和质量的关键因素入手，重点对社区思想教育的内在矛盾、管理矛盾和发展矛盾进行深入研究，为新时代社区思想教育深入开展探索规律、破解矛盾提供理论支持和实践导向。

一、社区教育内涵发展的矛盾

社区教育是一个动态发展的过程，这个发展的过程与社会发展的进程紧密相连，社会主要矛盾的演进必然体现在人的发展需求和社会发展需求变化上，这种需求变化推动着社区教育的内涵发展。思想教育作为社区教育贯穿主线的重要实践活动，是社区教育的有机组成部分，服从并服务于社区教育发展，社区教育的目标使命和外部环境随着社会主要矛盾改变而发生新的变化，也使思想教育在社区教育内涵发展中有了新的定位，思想教育由隐现向显现发展，在总体上推动着社区教育内涵发展的矛盾运动。

（一）社区教育内涵发展的矛盾规律

在我国社区教育发展初期，思想教育的成分要素在社区教育内涵中并非处于主导地位，教育属性的其他职能要素发挥着主要功能作用，社区教育与当时的社会发展状况是相适应的，社区教育内涵中各构成要素处于相对平衡的状态。随着社会的经济、政治、文化等领域不断发生新跃升和新剧变，个体价值观和社会主流价值观之间产生新的张力。社区教育与之相对应，其内涵各要素构成的相对平衡性被打破，社区教育内部主要矛盾与次要矛盾力量对比发生了根本性变化，思想教育要素上升为主要内涵成分，社区思想教育应运而生。

思想教育的程度取决于社会发展的需求度，社区教育中思想教育元素占比依据社会主要矛盾的变化而变化，制约或者推动着社区思想教育的发展。习近平总书记在党的十九大报告中明确提出：新时代我国社会主要矛盾是人民日益增长的美好生活需要和不平衡不充分发展之间的矛盾，必须坚持以人民为中心发展思想，不断促进人的全面发展、全体人民共同富裕。这就为思想教育与社区教育内涵发展矛盾运动指明了方向。其一，社区思想教育目标更加明确，直接指向是满足人民日益增长的对美好精神生活的需要，促进人的全面发展和提高人民的生活品质成了社区思想教育的价值内核。其二，社区思想教育主客体关系定位更加科学。以人民为中心的思想理念使教育者更加尊重受教育者主体性需求，注重发挥教育客体的主观能动性，建立起教育主体和教育客体之间平等互动的和谐教育关系。其三，社区思想教育方法手段更加灵活。社会主要矛盾的改变也为社区思想教育方法创新提供了新思路，社区思想教育为满足受教育者道德精神的层次性、差异性需求，所采取的方式方法必须更加多样化、精细化和分众化，更加强化思想教育介质的针对性和有效性。其四，社区思想教育生态环境进一步优化。社会主要矛盾的变化是社会转型的直接反映，意味着思想教育为教育者提供高质量的精神产品由应然走向了实然，为社区思想教育活动的开展提供了新的实践场域。

（二）社区教育内涵发展的主要矛盾

新时代社区教育内涵发展矛盾，本质上是社区教育供需之间的矛盾，对应社会主要矛盾的变化，社区教育供给侧和需求侧矛盾运动加剧，供需之间矛盾互动促使供给侧和需求侧内部不断调适，需求侧对道德精神产品的需求更加强烈，驱动着供给侧提供量足质高的思想教育产品，从而实现矛盾的对立统一。归纳起来，社区教育内涵发展的主要矛盾是供给侧与需求侧之间的矛盾，由此衍生出了供给侧和需求侧内部的矛盾运动。

社区教育需求侧的矛盾是指社区居民道德精神需求在量和质的动态演进过程。新时代社区居民的道德精神需求呈现出两个主要特点：其一，在需求内容上，新时代社区居民的道德精神需求呈现出多样性的特征。中国特色社会主义新时代的来临不仅使人们的物质生活需要得到了较高层次满足，也使人们道德精神需求的日益增长，主要包括解决思想困惑的需求、发展自由个性的需求、提升思想道德水平的需求、提高价值判断能力的需求、精神自我完善的需求、树立正确价值观念的需求，等等。社区居民道德精神需求的多样化发展，表明社区居民越来越注重蕴含丰富、文明高尚的精神需求的满足。其二，在需求结构上，新时代社区居民的道德精神需求呈现出多层次性的特征。新时代我国基层社区的社会结构、经济结构、阶层结构、生活方式发生了深刻变化，原有的社区群体不断分化重组，并基于新的认同形成了更加分化的社区群体。分众化的社区群体有着不同的思想特征和需求层次，因而他们的道德精神需求体现出多层次性的特征。①

社区教育供给侧的矛盾是指社区教育所提供的教育产品与满足社区居民道德精神生活需要之间的矛盾。社会主要矛盾的变化，标志着人们物质生活已经得到充分保障和极大提高，正在从物质文明向精神文明转变，社区教育所提供的教育产品应承担起塑造人的道德精神生活的责任和使命。但社区教育应然层面的理想状态在实然层面上却难以兑现，社区教育与社区居民全面发展需求差距甚远，特别是思想教育塑造品格、涵养德性的重要功能发挥得不够充分。一是主客体之间互动性不强。社区教育主体单方面灌输式的习惯思维仍然没有根本改变，社区居民作为教育客体处于被动消极的参与者、接受者地位。二是社区教育的思想针对性不够。社区教育对社区居民的思想状况、精神需求研究不够，在内容安排、载体设计、方法选择上满足于普遍化、一般化、一贯化，立体化、分众化、多层次的精准施策、精准对接不够，影响了社区思想教育的效率与质量。三是社区教育的价值引领能力不足。在社区教育内涵发展中，内涵定位不够明确清晰，思想教育主线意识、主导意识不够，社区教育教化人、引导人的主动性、目的性亟待提高。

二、社区思想教育过程的矛盾

社区思想教育是一种社区教育者与广大社区居民施教受教的互动活动，这个活动过程受诸多因素影响和制约，充满着各种挑战和矛盾。按照矛盾运动的对立统一规律，社区思想教育过程的矛盾是由基本矛盾和具体矛盾构成的，基本矛盾是宏观意义上的主要矛盾，具体矛盾是基本矛盾的外在表现形式和现实样态。

① 孙梦婵．论新时代思想政治教育主要矛盾 [J]. 思想政治教育研究，2019(1)：63—67.

（一）社区思想教育过程基本矛盾

社区思想教育过程的基本矛盾是指社区教育者施教的价值目标与社区居民受教的实际效果之间的平衡与不平衡、充分与不充分、协调与不协调的矛盾。在社区思想教育过程中，受教育者的思想实际状况与教育者的施教目标要求存在着难以逾越的鸿沟，围绕着如何缩小这一距离、达成二者的协调运动，这是社区思想教育对立统一的矛盾运动过程。首先，这一基本矛盾凸显了开展社区思想教育的价值意义，正是因为社区居民思想状态与社会发展要求有不相符合、不相适应的地方，才使得社区思想教育具有了不可或缺性。其次，这一基本矛盾贯穿社区思想教育全过程，是社区思想教育动力之源。开展好社区思想教育的首要前提就是深入分析社区居民思想状况与社会发展要求之间的距离：具体在哪些方面不符合、不协调，符合、协调的程度如何……。在准确掌握这些基本信息的基础上，才能有的放矢确定内容，采取切实措施，有针对性地解决问题，从而使社区居民的思想状况、道德品质、行为习惯与社会发展要求相吻合、相适应，有效实现人的全面发展的目标。这是社区思想教育一次从始至终的完整过程。社区思想教育的矛盾运动是一个循环往复不断发展的过程，随着社会的发展变化，人的发展要求也在变化，而社区居民在新的社会环境中思想状况又会产生新的需求、呈现新的特点，需要寻求二者之间新的平衡。这一矛盾运动推动着社区思想教育又开启新的过程，过渡到新的发展阶段。最后，这一基本矛盾对社区思想教育过程中的其他具体矛盾具有规定性和制约性。在社区思想教育过程中，围绕着基本矛盾的解决还存在着许多其他的矛盾和问题，既有教育主客体的矛盾，也有方法策略的矛盾，这些矛盾相较于基本矛盾而言，处于从属、次要的地位，也是基本矛盾在社区思想教育过程中不同方面、不同环节的具体体现，服从服务于基本矛盾的解决，都是为了使社会所要求的思想品德规范转化为受教育者的品德意识和实践行为。

（二）社区思想教育过程的具体矛盾

1. 教育者职业素质与思想教育要求之间的矛盾

社区思想教育是关乎基层社会治理和和谐社会建设的大事，对从事社区思想教育者有着不同于一般教育者的职业素质要求，可以说，社区思想教育者集教育者、思想政治工作者和社会工作者多种身份于一身，这种特殊的角色身份要求社区思想教育者要具有与之相匹配的政治素养、理论素养、专业素养和能力素养，只有这样才能在社区思想教育过程中，履行好社区思想教育塑造人、涵养人、引导人的神圣使命和职责。而客观现实是，当前社区思想教育队伍建设还跟不上社区思想教育形势任务的要求，专业化队伍建设力度还不够，人员素质参差不齐，无论是数量上还是质量上远远满足不了社区思想教育的高标准高要求。社区思想教育过程中，教育者是具体工作的推动者，是社会精神产品的传递者，一般来说，教育者对社会要求是能正确理解、把握和践行的，因而与社会要求是一致的，推动着社区思想教育的健康发展，但由于思想觉悟、理论水平、认识水平和思维方式等因素，也容易出现不能全面完整地把握社会要求，或者片面理解甚至曲解社会要求的情况。

2. 思想教育要求与受教育者思想行为之间的矛盾

人的思想行为与社会规范之间总是有一定的距离，社区思想教育过程中，思想教育要求与受教育者思想行为既基本一致又不完全一致，这种矛盾是普遍的、长期的。一是人的全面发展要求与受教育者个性发展需求之间的冲突。人的全面发展是社区思想教育的教育使命，强调受教育者的主体性，注重满足个性发展需求，但在具体思想教育过程中，往往容易忽视人的差异性需求，强调整齐划一，思想教育的内容、方式和载体缺乏针对性、层次性。二是社会要求与受教育者思维定势之间的矛盾。社区思想教育的对象是复杂的社区居民群体，成员间学习、生活、工作的经历具有很大的差异性，个人的经验很容易形成习惯性思维，也就是教育心理学上所称的思维定势，思维定势制约和影响着社区居民对思想教育要求的内化。当教育对象个体的心理准备、成长经历与思想教育要求一致或基本一致时，思想教育内化就处于主动积极状态，个体认同度、接受度就高，思想教育的效果就容易彰显出来；反之，如果思想教育要求与个体以往的认识、思维、经验不一致、不趋同，个人因思维定势的作用就容易对思想教育要求产生排斥反应，内化的效果高差、接受的程度就低。三是思想教育要求与受教育者可行适度的矛盾。在社区思想教育过程中，教育者所提出的要求是社会发展对人的思想观念、道德操守、行为规范普遍性、原则性的要求，无论是总体要求还是具体要求，系统化、规范化、理想化的程度都很高。思想教育要求高标准、高预期的共性特征，也给社区思想教育者的施教技巧提出了很高的要求，如何使思想教育的高要求与受教育者的实际要求相吻合、相适应，减少受教育者与社会要求之间的冲突，确保社区思想教育要求落实落地，这是社区思想教育开展中必须破解的现实课题。因此，社区思想教育的要求尤其是具体要求必须坚持可行适度原则，即要高于受教育者实际的思想品德水准，经过一定的努力又确实能达到。

3. 思想教育要求与施教环境、介质之间的矛盾

一是教育环境是否优化的矛盾。这里的教育环境是指思想教育的社会背景、社会形势和主流氛围，教育环境影响和制约着思想教育效果。在社区思想教育过程中，社区居民同时被社区思想教育要求和社会环境所影响，也就是社区居民是这两种教育影响的对象。思想教育影响和环境影响一致，则两种影响形成合力，共同作用于社区居民，促进社区居民的全面发展；两种影响不一致，则作用相互消减，面对思想教育积极的正向要求和社会环境消极的负面因素，受教育者往往面临选择的矛盾和困惑，导致社区思想教育流于形式，甚至给社区居民造成消极负面影响。二是方式是否适切的矛盾。社区思想教育是要

通过一定的介质发生作用的，这些介质就是思想教育的方法和手段，方式方法具有适切性，思想教育就能体现出针对性与实效性；方式方法不合理、不灵活，思想教育的效果就难以保证。在一定意义上讲，社区思想教育过程就是不断创新方式方法以满足社区居民发展需求的过程，必须根据社会发展要求和受教育者的实际情况与时俱进，推陈出新，不断化解思想教育方式方法适切性矛盾，充分发挥社区思想教育功能作用，促进社区居民良好思想品德的形成。

三、社区思想教育管理的矛盾

管理出效率，管理出质量，这是管理效率论的基本共识。基于社区思想教育对基层社会治理的功能作用，对和谐社会建设的不可或缺的重要地位，只有不断加强社区思想教育的管理手段和办法，不断增强社区思想教育管理的效率和质量意识，才能确保社区思想教育顺利开展。

从宏观管理的认识角度看，基于社区思想教育主体的多元性，集中管理与分散管理的矛盾是一对主要矛盾。有人认为已经有其他的主体从不同的方面、不同角度对社区居民群体实施了思想教育，还需要专门提出社区思想教育集中管理吗？是不是多此一举？这一认识带有普遍性和代表性，也是制约社区思想教育深入推进的主要原因之一。比如，有人认为，社区思想教育中的文化教育、法制教育等已经有文化部门、司法部门在开展、在管理，没必要再由社区教育来做文化教育、法制教育；有人认为社区教育中已经蕴含了思想教育的元素，也履行了相关管理职责，没必要再把思想教育作为专门问题提出来；也有人认为社区思想教育本身的教育管理主体，鉴于其自身的职能性质也无法对其他部门所实施的思想教育工作进行管理。在社区思想教育实践中，类似的问题不在少数，归纳起来，主要是两个方面的矛盾：

一是管理体制的内在矛盾，二是社区思想教育推进过程中的矛盾。

（一）统筹一体化的矛盾

管理主体的多元性，为社区思想教育全面实施提供了多种可能，也为社区思想教育的开展提供了多种方案和多方面的支持和力量。但这只是从理论上的一种设想，而不是最终的实际结果，要达到这一效能目标，必须首先解决好主体之间的矛盾，也就是主体之间应当是目标高度一致、行动协调统一的，这种管理主体的管理理念、管理行为的一致性和统一性使得分散的力量得以集中，从而提升管理的效率与质量。当前，管理主体之间的矛盾集中体现在以下几个方面：

1. 系统性与分散性的矛盾

社区思想教育管理是指社区思想教育领域各系统、各要素、各项工作的计划、组织、指挥、协调和控制的过程，具有高度的目标性、计划性和组织性。这是从社区思想教育管理系统本身而言，而实际工作中，社区思想教育主体构成是由教育主体、党的思想建设主体、行政管理主体、社会参与主体等多个方面构成的，各主体在开展思想教育中有各自的管理体系，尽管在思想教育的目标上是一致的，但管理的过程是分散的。这些管理主体之间一般只在思想教育工作上存在关联性，主体关系基本上是平行的，不存在严格意义上的领导与被领导、隶属与被隶属的关系，各管理主体的分散性使得思想教育管理很难做到统一指挥、统一组织、统一协调，社区思想教育管理的合力很难形成。

2. 持久性与阶段性的矛盾

社区思想教育效果的显现是一个长久的过程，所以其管理也是一个相对长期的过程，作为教育主体而言思想教育是其主业，是可以做到久久为功、持续用力的，也在这个过程中不断改进完善管理手段和办法，以确保管理目标的实现。而对其他管理主体而言，思想教育只是实现自身管理目标的阶段性任务，甚至只是为达成自身管理目标所采取的方式和手段而已，管理行为具有选择性、中继性的特点。社区思想教育管理主体的持久性和阶段性的矛盾在具体实践工作中，表现为教育主体持续用力是一贯的、有序的、深入的，而其他管理主体的思想教育行为因其附加性、辅助性、载体性而呈现出短暂性、浅表性。管理持久性和阶段性矛盾不能妥善解决，社区思想教育的效率与质量就无从谈起。这一矛盾说明，教育管理主体单方面开展思想教育，力量上是单薄的，必须协同其他主体共同推进，同时教育管理主体相对于其他管理主体，在思想教育方面具有不可替代性。

3. 全面性与局部性的矛盾

社区思想教育作为一个整体系统，其管理主体应该是对整个思想教育全过程、全要素的管理，强调管理的全面性、全局性、全域性，才能保证社区思想教育高效有序运行。而实际情况是这种管理的全面性要求很难贯彻落实，一方面社区思想教育中教育主体很难起到管理主导作用，相对于基层党建、基层治理、社会参与等其他思想教育管理主体，社区思想教育本身的管理主体的作用是有限的，难以发挥出全面性的管理主体作用。另一方面，其他思想教育管理主体因其作用对象不同，往往管理的作用是局部的、环节性的、特定对象的，从社区思想教育的角度来说，这些管理主体所发挥的作用只是辅助性的。这一对矛盾的出现，是因为在社区这一特定区域实施思想教育的主体多元性导致的，多措并举，但着力点不一样，管理的重心也不一样，具有客观性，是社区思想教育开展不可回避的问题，需要正视和面对。

（二）发展均衡性的矛盾

实践表明，教育均衡发展是我国义务教育法的方向性要求，是实现教育公平的内核，对于缩小城乡教育差距，不断提升教育质量具有重大的现实意义和深远的历史意义。这一教育发展理念也适用于社区教育发展，为社区思想教育整体推进提供了方向性指导和原则性遵循。对社区思想教育而言，教育均衡发展包含了教育内容、主体、方法的均衡性，涵盖了教育管理认知、组织、布局和控制的全过程各要素，是社区思想教育发展一以贯之的基本要求。按照这一原则要求，新时代社区思想教育发展无论在理论上还是实践上都还存在着明显的矛盾冲突，本书相关章节对社区思想教育内容上、主体上、方法上的矛盾已有涉及和论述，这里只从管理视角重点对社区思想教育均衡发展的几个主要问题进行探讨。

1. 浅层管理与深度管理的矛盾

实事求是地说，严格意义上的新时代社区思想教育还只是处于探索阶段，现在所进行的社区思想教育，一般是泛指凡是在社区这个特定区域所开展的思想教育活动，这是一个广义的概念，不强调专门性，不注重主体是谁，而只看过程和结果是否与思想教育相关联，思想教育隐含在其他的基层管理事务之中，是达成其他管理工作目标的一种载体，或者一种活动，或者一个过程，归纳起来，主要有三种形式：一是从教育属性上隐含在社区教育、终身教育之中，作为社区教育内涵的重要组成部分，服务从属于社区教育、终身教育；二是从思想属性上隐含在基层党的思想建设当中，作为基层党的思想建设的重要抓手，共同推动基层党建的深入开展；三是从治理属性上隐含在基层社会治理中，是基层社会治理“共建、共治、共享”的重要手段，共同推动基层治理现代化。可见，目前社区所开展的思想教育是一种隐现教育，带有辅助性、依附性、从属性，由此社区思想教育管理也只是其他管理活动环节的一种浅层管理。

本书所指的新时代社区思想教育，是以社区教育为载体开展思想教育的专门学科活动，统一主体、统一目标、统一组织、统一实施是其管理的基本要件，其管理活动自成体系，带有独立性、自主性、专业性，是一种对思想教育活动的深度管理。当前，新时代社区思想教育正处于应时应势由隐现教育向显现教育转变的关键阶段，其管理模式面临着重大改革创新，传统浅层管理模式和新的深度管理模式必然产生矛盾冲突，这是必须正视和面对，并妥善解决的。

2. 纵向管理与横向管理的矛盾

按照教育均衡性的原则要求，社区思想教育要努力缩小区域差距，办好每一所社区学校，促进每一个社会成员的全面发展。只有按照这一教育理念要求，才可能实现思想教育机会均等化，才能体现我国教育公平的原则。在现代社会，教育公平已经不仅仅是特指义务教育，也包含了成年教育和继续教育，教育作为一种基本权利应该伴随人的一生。我国历来重视精神文明建设，反复强调要物质文明和精神文明“两手抓，两手都要硬”，而在物质文明发展到一定程度的新时代，我国已经经历了“站起来、富起来”的过程，进入了“强起来”的新的社会发展阶段，“强起来”的一个重要标志就是精神上、思想上要“强起来”，特别是人民对美好生活的追求成为社会主要矛盾后，精神文明建设上升到了新的高度，坚持以人民为中心，通过社区思想教育铸人铸魂已是基层社会治理现代化的题中之义。

当前，纵向上看，依托于社区教育的新时代社区思想教育管理架构已具雏形，随着社区教育“四级网络”在地方的构建完善，省、地（市）、县（区）、乡镇街道和社区的社区教育机构的全面布局，社区思想教育已经形成“纵向到底”的管理格局；横向上看，通过社区教育有计划、有组织的实验区、示范区建设，社区思想教育正成燎原之势，以点带面，全面铺开，“横向到边”的思想教育管理态势基本成型。总体上，纵向布局是构建管理体系，横向布局是推进面上工作，二者之间互相作用、互相促进，但从纵向与横向比较分析表明，纵向管理布局与横向管理布局之间存在着差距和矛盾，纵向布局强于、快于横向布局，面上工作滞后于管理体系的构建，二者之间良性互动的正常机制还有待健全完善。同时，纵向的顶层设计与基层具体落实之间也存在着矛盾，宏观上的氛围已经形成，微观上的具体执行制度没有跟进，"四级网络"还没有形成有效的纵深联动，管理体系统筹协调的功能作用还没有充分发挥出来；横向点面之间发展参差不齐，整体推进滞后于社会发展的要求，城乡之间、发达地区与相对欠发达地区之间、实验区与非实验区之间差距缩小偏慢，以城带乡、以点促面效果不佳，甚至于呈现出先进的越走越快，落后的停滞不前的状态。

3. 全面管理与重点管理的矛盾

这里主要是从社区思想教育所面对的教育客体来探讨问题。基于基层社会治理的社区思想教育，不仅仅是一种教育活动，也是对社会成员的一种管理活动，这种教育管理活动带有覆盖性、渗透性和全员性，强调以学习者为中心，以学习需求为导向，为社区内不同年龄层次、不同文化程度、不同收入水平的居民提供多样化教育服务。同时，社区思想教育的开放性特点，又要求突出提高服务重点人群的能力，要加强老年教育、青少年校外教育、城镇化进程中失地农民和农民工教育以及社区流动人口的教育，以体现社区思想教育的针对性。全面管理与重点管理是一对现实矛盾，强调全面管理时，可能就对重点对象兼顾不够，抓重点对象的教育时，又难以兼顾全面，全面与重点的矛盾伴随着社区思想教育全过程。

当前，全面管理与重点管理的矛盾主要表现在重点针对性不强。一是青少年家庭教育、学校教育与社会教育脱节。青少年是社区思想教育的重要对象群体，这一群体的教育首先在家庭，家庭教育是大教育的组成部分，是学校教育与社会教育的基础。而学校教育是青少年成长成才的必经之路。青少年的家庭教育和学校教育都要接受社会的再教育，社区教育既直接作用于青少年本身，更通过对家长和监护人的教育间接作用于青少年。在社区教育实践中，对青少年的教育过度依赖于家庭教育、学校教育，认为这是家庭教育、学校教育的责任，使得社区青少年教育缺位现象比较普遍。二是老年教育发展不快。我国逐渐进入老年社会，据统计2019年末中国60岁及以上老年人口达到2.54亿，占总人口的18.1%，预计“十四五”期间，中国老年人口将超过3亿，从轻度老龄化进入中度老龄化阶段。而我国的社区教育中针对老年人的教育资源不足、教育服务滞后。当下的老年教育主要是老干部教育，惠及全体老年人还很不够。三是对“新市民”教育、管理、引导不足。这里的新市民主要是指城市化进程中以各种方式进入城市的新城市人口，也包括国有企业改制后大量的下岗、转岗、自谋职业者及社会流动人口。对于失地农民和农民工，还缺乏必要的职业技能、思想道德、民主法治、文明礼仪等方面的教育培训，其融入城镇社区生活的归属感、认同感不强。对于企业职工和自谋职业者，社区是其主要的生活、交流和接受社会教育的场域，特别是民营中小企业职工，因为企业主辅分离，企业的工作重心在技术开发环节、产品生产环节和销售流通环节，对思想教育建设、企业文化建设等不直接产出利润的环节重视程度不够，大量产业工人在工作之余往往处于失管失教、放任自流的状态。以前国有大型企业，有工人俱乐部、夜校、职工大学、技校、企业党校等辅助机构和部门，满足职工教育管理和业余文化生活的需要。在新的现代企业制度下，在其治理结构和组织形式中已经把这些机构和部门基本精简撤并，许多职能交给了社会，而基层社会管理配套改革步伐明显滞后，社区教育承接力有限，很容易造成这个特殊群体的文化生活匮乏，精神生活贫瘠。

第五章
新时代社区思想教育的方法

新时代社区思想教育是一项复杂的系统工程，方法是解决问题的关键，方法得当则事半功倍，方法失当则事倍功半。新时代社区思想教育的方法，要精准、实用、有效，必须以社区思想教育所处的时代特点、所处的基层社会特殊领域和所要达成的教育目标等元素为基本依据，在全面、深入、科学分析的基础上，寻求或者选择达成目标的最佳路径。社区思想教育工作本质上是对社区居民进行思想教育引导，其方式方法要立足社区教育实际，遵循思想教育的基本规律，以确保社区思想教育功能效应的最大化。

一、新时代社区思想教育的方法构成

新时代社区思想教育方法，是指在我国处于新时代的社会发展时期，社区思想教育主体为促进社区居民个体的全面发展和社区的可持续发展，在对社区居民进行思想教育过程中所采取的一切方式、方法或手段的总和。从宏观意义上看，社区思想教育方法也就是社区思想教育者在进行思想教育过程中所采用的思维方法和工作方法。

（一）新时代社区思想教育的思维方法

社区思想教育的思维方法，也称思想方法，是主要研究社区思想教育学科的科学方法，主要是指社区思想教育的原则方法，规定了其他方法的方向准则和要求，起着导向规范的作用，是社区思想教育具体实施方法和工作方法的基础和前提。根据新时代社区思想教育的基本规律和基本要求，社区思想教育思维方法主要包括政治思维方法、科学思维方法、问题思维方法、历史思维方法和系统思维方法。这是新时代社区思想教育方法创新的基本要求和基本原则。

1. 政治思维方法

新时代社区思想教育是思想教育在社区领域的新拓展，是基层党的思想建设的重要组成部分，本质上是党的思想政治工作的主要内容和重要方式。因此，新时代社区思想教育是一项带有明确政治动机、政治目的教育实践工作。基于其服务社会发展和促进人的全面发展的鲜明的政治属性，新时代社区思想教育方法必须充分体现马克思主义的基本立场、基本观点和基本规律，不断提高运用马克思主义立场观点方法来发现问题、分析问题、解决问题的能力。这是新时代社区思想教育政治思维的根本生成逻辑和基本思维特性。

坚持政治思维是社区思想教育方法创新的方向保证。方法创新的政治方向性主要是指导思想、根本领导与发展方向的政治指导性、内在规定性、目标指向性。在指导思想上，强调方法创新的政治引领和学理支撑，要突出社区思想教育马克思主义理论的指导地位，要用马克思主义科学真理深化和引领广大社区居民的思想认识，不断提高政治理论素养，不断增强政治素质品格，确保广大社区居民理论上清醒、政治上坚定、行动上自觉；在根本领导上，要牢牢掌握社区思想教育的主导权和主动权，突出党的领导、党的统一意志的规定性和原则性，加强社区思想教育方法创新的责任感和使命感；在发展方向上，社区思想教育方法创新要贯彻落实党的教育方针，要突出立德树人这个根本任务，要把社区思想教育的初心使命与基层社会治理的现实需要紧密结合，切实促进广大社区居民的全面发展和社区的可持续发展。

2. 科学思维方法

社区思想教育是思想教育学科的专门实践活动，随着我国社区教育内涵发展的逐渐深入，思想教育成为社区教育的重要内涵，甚至可以说是本质内涵，思想教育成了社区教育内涵发展的主基调。思想教育的专业化、学科化强化了社区思想教育科学化的要求。社区思想教育科学性不仅体现在其学科内涵的专门化和系统性上，还体现在其方法是否科学、是否符合客观规律上。社区思想教育方法的科学性是思想教育的效果和水平的重要保证。

坚持科学思维是社区思想教育方法创新的学科特征。社区思想教育方法体现出的科学的态度、专业的眼光、缜密的思维，一方面是来源于对社区思想教育学科性质的深层认知。社区思想教育是一门综合性的学科，涉及教育学、社会学、心理学、管理学和伦理学等多学科的内容，这些学科本身的教育方法经过长期的教育实践证明是符合科学规律的，也是行之有效的。社区思想教育在内容上对相关学科的整合吸收必然反映到方法上的参考借鉴，相关学科教育方法本身的科学性必然移植于社区思想教育方法中。当然每个学科有自己专门的领域，具有学科的专门性、独特性，因此社区思想教育方法应是根据自身的特点有取有舍，而非照抄照搬，这也是方法创新坚持科学思维的重要体现。另一方面是基于对社区思想教育内在规律的基本考量。社区思想教育有三大基本规律，即思想政治工作规律、教书育人规律、人的发展规律，只有这三个基本规律的协同运行才能保证社区思想教育的针对性和有效性。社区思想教育方法创新必须以这三大规律为基本理论依据，要学懂弄通三大规律之间的必然联系，把握社区思想教育工作的方向和规律，科学设计、合理选择开展思想教育工作的手段和方式，开展有针对性的思想教育活动，确保社区思想教育适应时代变化的新要求新任务。

3. 问题思维方法

社区思想教育的根本目标是促进社会基层人的全面发展和社区的可持续发展，直接的表现形式是运用思想教育的武器解决问题：解决人的发展问题和基层社会问题，预防问题发生的可能性，对已经产生的问题予以有效化解。社区思想教育要根据人的发展和社会发展的现实需要来有的放矢，在社区思想教育中所采取的手段和方式必须具有强烈的问题针对性，这就是我们所要讲的方法创新中的问题思维的核心。

在方法创新中坚持问题思维，必须以问题为导向，拓展思考问题、分析问题的视野，善于发现问题、找准症结，为思想教育解决问题提供准确无误的、切实可行的路径和方案。在方法创新中坚持问题思维，有利于社区思想教育工作抓住主要矛盾和矛盾的主要方面，使得社区思想教育明晰主攻方向，关注时代问题、回应现实问题，直奔主题、切中要害；有利于社区思想教育工作把理论与实践紧密联系起来，避免理论与实践“两张皮”，防止思想教育“挂空挡”；有利于社区思想教育聚焦基层社会治理，提供丰富的、优质的教育精神产品，重点解决社区居民的思想问题、心理问题和现实困扰，满足社区居民对美好生活的精神需求。

4. 历史思维方法

社区思想教育是历史的、发展变化的，其方法也是不断创新发展的。新时代社区思想教育方法创新不能割裂历史，不能另起炉灶、另搞一套，而是对以往办法的继承与发扬。要坚持以历史思维来提升社区思想教育方法的适切性。历史思维是我们党研究问题的优良传统，其本质是从历史的经验和教训中认识规律、把握方向、指导工作。本书所论述的社区思想教育是特指社区教育中的思想教育，因此新时代社区思想教育方法要从社区教育的历史发展中去深入探究。

我国社区教育从改革开放之初逐步推开，已经经过了四十多年的发展，积累了丰富而宝贵的做法和经验，对这些经验做法进行深入的分析研究，必然会对新时代社区思想教育的顺利开展有所启迪。尽管在以往的我国社区教育中没有把思想教育作为专门的学科独立出来，但社区教育已经蕴含了思想教育的理念，包含了思想教育的元素，社区教育经过多年的发展所取得的丰硕成果也是思想教育成果的直接体现。新时代社区思想教育要善于从中汲取养料，一些措施和载体是可以直接接受吸纳的，一些做法和手段可以精进改良，在此基础上，立足于新时代社区教育面临的网络新技术、社会新业态、时代新发展、人的新需求，创新观念、创新方式、创新手段，以历史思维构建起新时代社区思想教育科学完备的方法体系。

5. 系统思维方法

新时代社区思想教育是一项复杂的系统工程，其方法创新中必须坚持系统思维，也就是要把思想教育方法看作是社区思想教育系统整体的重要组成部分，这实际上强调了两个方面的问题：一是社区思想教育方法必须与社区思想教育本身相适应，社区思想教育方法创新来之有据、溯本有源，社区思想教育的系统性、复杂性决定了其方法的综合性、多样性；二是社区思想教育的多种手段和方式不是一个杂乱无序的简单组合，而是多种方法的系统集成，方法之间互相联系、互相作用，共同促进社区思想教育目标的达成。

方法创新坚持系统思维，使得我们在研究社区思想教育方法的同时也在进一步加深对社区思想教育内在规律的认识，教育与教育方法研究实现同步，使得教育方法的针对性、匹配度进一步增强。可见，方法创新中的系统思维也是辩证思维的体现。方法创新中坚持系统思维，能够使我们在探究社区思想教育方法时，思维视野更加开阔，不会局限于单一方法的研究，而是更加注重多种方法的有机结合。实践表明，单一方法其功能作用是有限的，是不足以满足社区思想教育的全面发展的，同时多种方法如果没有整体观念、系统意识，方法之间不能形成协同效应，方法再多整体合力也不可能充分发挥。在社区思想教育方法创新中坚持系统思维，就是要构建起不同层次、不同方面的方法体系，确保各种方法协调统一、运转有序，以期增强社区思想教育的有效性和针对性，促进社区居民的全面发展。

（二）新时代社区思想教育的工作方法

社区思想教育的工作方法，是社区思想教育者向社区居民进行思想教育过程中采用的方式和手段，是社区思想教育的具体实施办法。新时代社区思想教育具体实施办法是多元多样的、动态发展的，社区思想教育为实现思想教育目标任务可以采取多种手段与方式，而且根据不同的基层社会发展状况、社区居民的不同需求，采用的方式方法各有不同。本书主要根据社区思想教育的特点，重点就社区思想教育常用实施方法进行实证研究和介绍。这里介绍的几种常用社区思想教育工作方法并非严格意义上的独立概念，有的是从施教的内容上讲，有的是从施教的载体上讲，有的是从教育方法的整体构成上讲，分类的标准不同、依据各一，因此社区思想教育各种方法之间具有交叉、相融、重叠性。

1. 理论教育法

理论教育法是社区思想教育者对社区居民进行专门马克思主义理论灌输的教育方法，通过对社区居民进行马克思主义基本原理、基本知识、基本方法的思想理论教育，提高社区居民的理论涵养和政治素养。社区思想教育理论教育法一般包括四种具体形式：一是集中理论培训，这是思想教育主体的主动教育行为，定期或不定期地以政治理论讲坛、专题理论讲座等形式对社区居民进行理论宣讲；二是政治理论学习，这是思想教育客体的主动行为，有计划地分社区、分对象组织社区居民进行理论学习，使社区居民政治理论学习制度化、规范化；

三是政治理论宣传，充分利用社区宣传栏、板报和大众传媒传播正确理论和先进思想；四是政治理论研讨，这是理论教育主客体的互动行为，围绕理论学习，理论教育中热点、难点、焦点问题，组织专题研讨会，充分调动社区居民政治理论学习的积极性和主动性。

理论教育法是社区思想教育最基本的方法，在运用这一方法时，一是要注重理论教育的通俗化。社区居民的理论教育不同于学校和机关单位的理论教育，理论教育的内容深度、专业的要求不能过高，要针对社区居民的特点，重点讲基本知识、基本观点和基本理论，要把深奥的理论通俗化、具体化、形象化。二是要注重理论教育的针对性。要根据基层社会治理的实际和社区居民的思想实际，讲理论、讲政策、讲形势，引导社区居民用马克思主义的立场、观点解决问题。三是要注重理论教育的经常化。理论教育需要较长时间的内化过程，要把社区理论教育的多种形式经常化，巩固理论教育成果，确保理论教育的覆盖面和渗透性。

2. 实践教育法

实践教育是社区思想教育者寓思想教育于社会实践活动中的教育方法。社区思想教育实践教育法主要有三种具体方式：一是业主管理活动教育。就是促使社区居民参与社区管理的教育。组织社区居民参与小区业主委员会，动员社区居民主动参与到社区管理的各项活动中，加强社区居民自我管理、自我教育、自我服务的意识和能力，加强社区居民之间的思想、生活交流，增强社区居民的社区集体意识，营造良好的社区文化。二是志愿服务活动教育。组织社区居民开展共建和谐社区志愿者服务活动，使社区居民关注社区共同体建设，增强对社区的责任感、认同感和归属感。三是参观考察活动教育。组织社区居民代表开展进企业、进机关、进市场、进学校、进红色教育基地等系列参观考察活动，提高社区居民认识世界和改造世界的能力。

社区思想教育是否要进行社会实践教育，理论界有不同的认识，有人认为社会实践教育是学校教育的“专利”，因为学校是一个相对封闭的小社会，社会实践教育可以让学生更多地了解社会、接触社会，由此达到教育的目的。而社区思想教育本身就在一个开放的社会中，再进行社会实践教育似乎多此一举。其实这种认识带有片面性，也不切合社区教育的实际。首先，理论与实践相结合这是思想教育的基本要求，社区思想教育必须遵循这一基本规律；其次，社会实践教育是一个含义非常丰富的概念，不同的教育形式有不同的社会实践教育内涵；第三，社区居民组成的多样性，使得每个个体、每个社区群体的经历、见识、视野都不一样，社会实践教育活动是达成社会共识、形成共同体意识的重要载体。因此，社会实践教育在社区思想教育中的重要性不言而喻，应该引起高度重视。

3. 网络教育法

网络教育法是基于虚拟网络世界的客观实际，借助网络的手段和方式进行的教育行为。这是社区思想教育在线上对社区居民进行思想引导的一种教育方式。现实世界和网络世界交织已是当今社会发展的重要形态，随之而来的是一种新的意识、新的心智特征、新的生活形态的产生，离开手机和电脑的生活已经变得非常艰难。网络教育法就是适应这种虚拟社会所需的一种教育形式。在虚拟社会中，传统的思想教育方法已经不能满足形势变化的需要，必须与时俱进，把网络教育方法作为思想教育的一种重要方式，从而实现思想教育线上与线下结合进行。

社区思想教育网络教育法具体有三种形式：一是网络课堂。社区思想教育者在社区虚拟空间，通过文字、图像、声音、动画、视频，甚至三维虚拟现实等多方式制作精美的思想教育课件，使思想教育的内容更丰富、教育方式更灵活，从而达到对社区居民进行思想教育的目的。二是网络疏导。社区思想教育者对社区居民在网络虚拟空间中的各种诉求、各种思想反映，及时进行正面回应、疏通和引导。同时，有计划、有组织地对社区居民进行网络咨询辅导教育。三是虚拟实践。组织社区居民开展网络主题论坛、专题研讨，开展社区网络治理、社区网络文明创建等虚拟空间活动，组织社区居民参与网络虚拟生活和交往，组织社区居民参与红色主题网站的建设，由此来规范社区居民在社区虚拟社会中的行为。

4. 隐性教育法

隐性教育法是社区思想教育者预设目标，通过营造社区生活环境、创设社区文化氛围等非直接思想教育目标要素，采取间接、含蓄、内隐的社会活动使社区居民不知不觉地受到影响的思想教育过程。隐性教育法是社区思想教育方法艺术的体现，思想教育往往过于直接，效果却适得其反、过犹不及，隐性教育法符合人性发展的特点和规律，注重在社区居民日常生活中净化心灵、启迪心智、陶冶情操，这是对直接理论灌输式、注入式教育方法的重要补充形式。

社区思想教育的隐性教育法主要有三种方式：一是渗透教育法。这是课程思政思维在社区思想教育中的具体体现，就是要在社区居民所参与的活动和所接触的事物中寓于思想教育的元素，同时注意挖掘和利用其思想教育元素，潜移默化地对社区居民的思想、观念、价值、道德、态度、情感等产生影响。具体包括活动载体渗透，寓教于行，使社区居民在活动中亲身感受；文化载体渗透，寓教于文，营造良好文化氛围；传媒载体渗透，采取容易为群众接受的形式进行传播。二是陶冶教育法。《后汉书》说“与善人居，如入芝兰之室，久而不闻其香；与恶人居，如入鲍鱼之肆，久而不闻其臭”，说明环境改变人、氛围熏陶人。陶冶教育法正是基于这一理念，通过营造良好的社会氛围、积极向上的社会环境，充分发挥环境育人、氛围育人的功能作用，使社区居民在耳濡目染中实现思想提升。三是典型教育法。一方面，是指用反面典型、负面案例现身说法，以生动形象的方式起到震慑、警示的思想教育作用。另一方面，是用身边的好人好事、正面典型榜样示范、带头表率，直观地教育引导人。在社区思想教育中用好正反两方面的典型，很有教育意义。

5. 问题教育法

问题教育法是指以问题为导向，通过解决社区居民内在思想问题、身心健康问题和外在关涉紧密的切身利益问题，而影响其思想、观念和行为的教育实践活动。问题教育法是一种显现教育法，也是社区思想教育方法创新问题思维方法的具体体现。实践中，社区思想教育的目标很大程度上是在解决问题中得以实现的，思想教育的问题思维可以有效增强工作的针对性和有效性。问题教育法注重发现社区居民内心的思想困扰、心理障碍等思想健康状况，注重聚焦社区居民关注的就业、就医、就学等热点难点问题，通过帮贫扶困、释疑解难，对症下药，体现社会的关爱、组织的温暖、人文的关怀，在预防问题的发生和解决问题的过程中达成思想教育的目标。

社区思想教育的问题教育法主要有四种方式：一是预防教育法。就是在问题出现前及时预判，精准施策，有针对性地加强思想教育和引导，避免错误的思想和行为的发生，有效防范化解风险。预防教育法重点是未雨绸缪、提前预案、消除隐患，以此提升社区居民内在思想素质和营造和谐基层社会治理环境。二是心理疏导教育法。心理问题是思想问题的反映，心理问题处理不好就可能转化为严重的思想问题，心理上的障碍、困扰不及时化解消除，容易扭曲对社会的正确认知，影响人的正常身心健康。社区思想教育中注重对社区居民心理亚健康问题的研究，通过心理健康教育服务，及时进行心理疏导和干预，增强社区居民心理素质、抗压能力和社会适应能力。三是思想转化教育法。对错误的行为及时纠正，对错误的思想正确引导，这是思想教育的重要任务，也是思想教育防患未然的必要措施。一个错误的思想和行为得不到及时有效的纠治，很容易使这种思想行为被效仿、扩散，甚至泛滥，使得正气得不到弘扬，而邪气却大行其道。思想转化教育法将错误的、消极的、落后的思想行为转化为正确、积极、先进的思想行为，这一转化的过程就是帮助教育的过程，是社区居民提升思想素质和能力的关键。四是冲突调解教育法。社区思想教育中充斥着各种矛盾和冲突，社区思想教育者要充当矛盾的调解者、冲突的化解者，在思想矛盾和行为激化状态下，要主动作为，运用政策和法律武器，以情感人、以理服人、以德育人。

二、新时代社区思想教育方法的主要特点

新时代社区思想教育方法，总体上看，具有鲜明的时代发展性、基层实践性和综合施策性，打上了“新时代”的时间标签，遵循了思想教育的基本规律，与社区基层治理相适应，与社区教育相协调，各方法之间彼此相互交融、互为补充，是一个完整科学的方法体系。这个方法系统的构成，从动态发展上分析，是与时俱进、继承创新的结果；从静态内涵上分析，凸显出思想教育内在要素在社区基层治理和人的全面发展中的特有张力。

（一）社区思想教育方法的动态化特点

1. 方法的继承性

首先，社区思想教育方法是对党传统的思想建设方法的继承与发扬。严格意义上说，社区思想教育是党的思想政治建设的一部分，其基本方法的使用与党的传统思想教育方法一脉相承，其方法论的基本指导方针、基本原理、基本方式都是一致的，其根本的目标指向都是确保思想教育更加具有针对性和实效性。其次，社区思想教育方法是社区教育方法的经验总结和提升。我国社区教育始于改革开放之初，是随着城市管理体制改革不断深化而逐渐发展成型的，社区教育在借鉴西方发达国家的做法和经验的基础上，已经从内容和方法上构建起

了具有中国特色的社区教育的特有模式。长期以来，我国广义的社区教育实际上也已经包含了社区思想教育的内容，社区教育推进中的各种成功的经验和做法蕴含了社区思想教育的价值理念，当把社区思想教育作为一个学科来专门看待或者作为社区教育的主导部分，社区教育中好的做法和经验就是社区思想教育实施的现成方法，二者之间具有相似性和相融性，可以充分挖掘其思想教育元素，加以继承和发扬。

2. 方法的借鉴性

借鉴西方发达国家成熟的社区思想教育方法，这是社区思想教育方法的一个重要来源。我国社区思想教育从其本身发展形态上看，是一个新生事物，而且是在借鉴了西方社区教育理念基础上植根本土，带有开放性与包容性的。从历史与辩证的视域分析，不同时代不同国家的统治阶级为了巩固本阶级的思想统治地位采取了各种方法展开思想教育，这些方法都具有借鉴意义。我国社区思想教育有选择性地借鉴国外优秀的社区思想教育方法，这是可行的也是必要的。同时，社区思想教育要善于借鉴其他领域的思想教育方法，比如党政机关、高校、国有企业等机关企事业单位思想教育方法，这些部门和单位长期从事党的思想教育，已经形成了一套行之有效的思想教育方法和制度，社区思想教育作为思想教育的一个全新阵地，需要参考借鉴。

3. 方法的创新性

社区思想教育尽管与传统领域的思想教育具有同一性，但社区思想教育又在行业、对象上具有独特性，因此社区思想教育方法不能照搬照抄，而应该根据不同的领域不同的特点进行大胆创新。社区思想教育方法的创新是一个不断发展的过程，从社区思想教育本身看，社区思想教育过程中不同的地域、不同的社会发展阶段，社区思想教育的任务各有不同，方法也不尽一样，同样方法在这个时期、面对这样的对象可能效果很好，但在另一个阶段、面对另一群对象可能效果就不尽如人意，这就需要根据形势任务的变化不断调整思路，改变方法。

从思想教育方法上看，有些方法在机关、企事业单位很管用，但到了社区却打了折扣甚至于行不通，这就要求根据社区的特点，对传统的思想教育方法进行改革创新，在抓住其方法本质的基础上，用新的方法或对原有方法进行加工改造，增加新内涵，赋予新功能，以适应新时代的要求，解决新出现的问题。

（二）社区思想教育方法的静态性特点

1. 方法的人文性

社区思想教育是对社区居民产生积极思想影响的一种教育实践活动，教育的主体是人，其作用的对象也是人，目的是促进人的全面而自由的发展。社区思想教育本身这种鲜明的人文性特征，必然体现在教育过程中对人性的尊重上，强化思想教育人的差异性、个别性、主体性意识，采取不同的方式方法因材施教、因人施教，这就是社区思想教育方法多样性的重要原因之一。思想性是社区思想教育人文性的核心和本质，社区思想教育的人文性不仅决定了其方法的多样性，更是强化了社区思想教育方法的思想性。社区思想教育方法是一个实体和抽象结合的概念，是教育者对受教育者施教的一种媒介，这种媒介既可以是宏观理念和思维，也可以是具体的措施和手段，这些思维方法和具体的方式因为赋予人文性的特征，而变得更具感染力和科学性。基于人文性视域的社区思想教育方法，社区思想教育者在教育过程中，坚持以人为本的理念，突出社区居民的主体地位，注重对社区居民的人文关怀，对社区居民进行历史、社会、人生、自我的教育，充分调动社区居民的主观能动性，使社区居民自觉主动认同思想教育目标和要求，独立作出判断和选择，丰富和发展社会道德规范，并在实践中转化为自觉行为，实现自我品德素质的提高。

2. 方法的综合性

社区思想教育方法整体上是一个方法的集合体，每种方法又因为作用的方面、功能不同而衍生出更加具体的方法，各种方法或相互交融，或相互补充，或相互关联，带有很强的综合性、不可割裂性。在整体构架上，根据彼此关联性不同，呈现出方法的多种综合形式：一是主从式综合与并列式综合。主从式综合即自我与自我教育、现实方法与虚拟方法的综合；并列式综合即教育与管理，家庭教育与学校教育、社会教育的综合。二是协调式综合与交替式综合。协调式综合是指综合各个部门形成思想教育的综合体系，从而促进思想教育合理体系的形成；交替式综合是指多角度、多侧面思想教育的综合。三是渗透式综合和融合式综合。渗透式综合指社区思想教育向业务、工作的渗透；融合式综合指多个单项教育方式相互渗透融合成一种新的方法。

社区思想教育方法的综合性，首先是社区思想教育目标任务的特殊性决定的。社区思想教育仅仅通过单一的方法是不可能完成其教育目标任务的，必须通过多种方法同时施力，才能保证其针对性和有效性。其次，科学技术的不断发展进步为开展社区思想教育提供了多种可能。社区网络空间社会的形成，为社区思想教育提出了新的任务，同时也创新了思想教育的方式，既可以采用线下传统思想教育办法，也可以采取线上的网络教育手段，但无论是线上还是线下，思想教育方法的基本理念是一致的，目标任务是相同的，所以思想教育线上线下结合方式既有必然性也有必要性。第三，新时代社区思想教育方法也是对其他学科教育方法的继承和借鉴，也综合了其他学科施教的思维方法和工作方法。

3. 方法的渗透性

社区思想教育方法体现了渗透性教育的特点。思想教育渗透性是指通过充满、饱和、渗入、弥漫等形式渗透到教育的过程中，增强教育效果的一种手段和办法。对于思想教育而言，教育的渗透性可以起到深化、调节和催化的作用。相对于思想教育方法的行政化、灌输式和注入式而言的，社区思想教育方法强化渗透性教育，能够有效提升社区思想教育的技巧性和艺术性，在潜移默化中强化对社区居民的思想教育和正面引导。渗透性教育理念融入方法创新是社区思想教育效果的重要保证。当前，一方面，社区居民的民主意识、自主意识、平等意识、权力意识不断增强，社区居民对民主权利很敏感，利益诉求不断延伸和扩大，社区思想教育必须适应新形势、新变化，逐步由“管理型教育”向“指导服务型教育”转变，不断创新教育方式，在服务居民、营造氛围、美化环境、文化活动、解决问题、调解矛盾中，把思想教育融入社区居民工作、生活的各个方面和全过程。另一方面，在世界经济一体化、人类命运共同体构建中，制度的较量、意识形态的斗争从未停歇，甚至国际上冷战思维重新抬头，超级大国一极独大，霸权主义肆虐，“颜色革命”的和平演变暗流涌动。在这样一种国际国内形势深刻演变的情况下，社区思想教育空洞的政治口号和单纯的价值观宣传只会适得其反。因此，新时期的社区思想教育既要旗帜鲜明、主题突出，又要善于运用隐性思想教育方法，将价值观教育渗透到基层社区的各领域、各行业中。

第六章
新时代社区思想教育的策略

社区思想教育既要有具体的方法来推进，也要讲究策略，这是实现社区思想教育目标的方案集成，也是根据形势发展而制定的社区思想教育的行动方针和工作艺术。新时代社区思想教育要根据形势的发展变化，不断探索政策驱动、项目带动、协同联动策略，提升社区思想教育的针对性与实效性，以确保社区思想教育目标的最终实现。

一、政策驱动策略

政策是做好社区思想教育工作的行动准则和根本保障。当前，总的看，我国社区思想教育政策体系还不够完备，制度建设还不够规范，政策制度明显滞后于社区思想教育的发展。同时在研究吃透政策、用好用足政策方面，也还缺乏主动性和创新性。新时代社区思想教育向深度和广度发展，必须充分发挥政策支持的内生驱动力。

（一）强化政策引领的自觉性

按照事物发展的规律，从实践到理论，再从理论到实践，这样一个循环往复的过程，不断推动事物的发展。也就是先在实践中摸索经验，上升到规律性的认识，再回过头来指导实践，推动事物加速发展。每一次循环都是理论的升华、实践的再造。这里需要指出的是，这一事物发展规律，需要重点把握两个环节：一是实践的环节，深入的实践是理论提升的基础，实践经验越丰富，理论提升、理论创新的空间和视野越开阔；二是理论升华的环节，要注重经验总结的深度和广度，特别要注重创新理论的及时性和适切性，在事物发展到一定程度的时候，适时用创新理论注入新动能。社区思想教育也要遵循这一事物发展的基本规律，要在社区思想教育深入实践的基础上，总结经验教训，并上升到理论的层次，以国家政策的形式统一认识、统一意志、统一行动，不断推动社区思想教育向纵深发展。社区思想教育必须充分发挥政策引擎、理论指导的作用，严格以政策为依据为准绳，善于顺势而为，乘势而上。

综观我国社区思想教育的发展历程，社区思想教育实践与理论的矛盾在不断凸显，社区思想教育经过长期的实践探索，已经到了发展的瓶颈期，亟待用更加科学完善的理论体系、思想体系、政策体系指导推动，但是在目前的社区思想教育实践中，政策的支持作用还没有充分发挥出来，还没有从中央、国家层面制定出台专门的社区思想教育政策，社区思想教育合规性、合理性和合法性地位，还缺乏明确的政策规定。从近年来的社区思想教育实践中可以发现，社区思想教育只是作为社区教育一种载体，或者是社会基层治理的一种手段，抑或是基层党的思想建设的一种方式，而且在这些涉及社区思想教育工作的领域中也缺乏对社区思想教育不可或缺的专门规定，社区思想教育政策依据来源主要是社区教育、思想教育、基层党建和基层社会治理等相关的宏观政策，政策的“碎片化”“间接化”“参照化”成为影响和制约社区思想教育发展的关键因素，社区思想教育学科性、专门性、规定性没有充分凸显出来，社区思想教育的规范化、制度化和常态化难以得到有效保证。面对社区思想教育实践需要与政策供给之间的矛盾，当务之急是要增强政策制定出台的紧迫性和责任感，着力做好社区思想教育的宏观顶层设计，进一步加强社区思想教育内容、目标和功能定位，进一步明确领导体制、管理体制和运行机制，加大对社区思想教育政策引导和规范的力度，为新时代社区思想教育内涵发展定向指航。

（二）强化政策制定的科学化

政策的有效性关键取决于政策的科学性，即政策的制定原则、制定依据和制定过程是否与实践高度吻合，是否符合事物的发展规律和要求，是否达到了纲领性、原则性、指导性的价值目标。当前，制定出台专门的社区思想教育相关政策的时机和条件已经基本具备，既有前期社区思想教育的长期实践，又有基层社会治理的新要求，应该说已经做了比较充分的前期思想准备、理论准备和实践准备。这种前期的准备是政策制定科学化的必要措施和前提基础。

社区思想教育政策的制定出台，要以科学化为政策的核心理念，以基层社会治理的实际和社区思想教育发展实践为现实基础，以社区思想教育发展中总结积累的经验为理论依据，转变观念、创新方法、科学规划，着力构建全方位、综合性、系统化的完备政策体系，为新时代社区思想教育发展提供强有力的政策支持。这是制定新时代社区思想教育政策体系的总体要求。在政策体系科学化的构建中，必须坚持三条基本原则：一是均衡性原则。政策体系宏观上，要照顾共性特点，注重内容的完善性和权威性，强调执行的原则性和纲领性，突出政策的普遍指导意义。微观上，要兼顾不同的地方、不同社区，不同社会发展阶段的个性特点，体现政策的区别性和针对性。要在均衡性原则的基础上，实现政策体系共性与个性的高度统一，普遍性与特殊性的紧密结合。二是前瞻性原则。前瞻性就是政策维度要有一定的时间和空间跨度，不仅对现实问题具有普遍指导意义，还对未来的发展具有方向性的价值。社区思想教育政策体系要有超前思维和开阔视野，既要立足现实，为解决阶段性的发展问题提供切实可行的方案与措施，又要着眼长远，把握发展的正确方向与总体趋势，这样才能充分发挥政策体系的目标引领作用。三是主体性原则。社区思想教育政策体系作用的对象是基层的社会实践活动过程，制定政策要充分发挥基层的主体作用，既要在其内容构成上体现对基层实际的针对性和适切性，又在制定政策的过程中突出基层民主参与性和民主决策性，注重政策体系的基层信息反馈机制和社会评价机制的同步构建。

（三）强化政策执行的严肃性

社区思想教育政策的指导作用要充分发挥出来，关键取决于政策执行的力度。政策的制定出台，为社区思想教育准确定位提供了法理依据，也意味着社区思想教育迈上了制度化、规范化的发展轨道。

1. 必须坚持政策执行的权威性

指导性与强制性的高度统一是政策的基本特性，这使得政策执行具有不可动摇性和执行的彻底性，不能随意变通，不能合意就执行，不合意就不执行，也不能选择性执行，不能在执行中随意变更政策条款的要求和标准，使政策在执行中变形走样。社区思想教育作为党的教育事业的重要组成部分，特别是作为基层党的思想建设的重要抓手，其政策体系所设定的思想教育目标、内在功能作用带有很强的政治规定性，本质上是社区思想教育工作的根本遵循和行为准则，必须从始至终一以贯之。这是社区思想教育发展方向性的根本保证。

2. 必须坚持政策执行的全面性

社区思想教育均衡发展需要政策的支持保证。社区思想教育均衡发展是社区思想教育内涵发展的完整性和社区思想教育工作覆盖性的高度统一。从社区思想教育内涵发展看，社区思想教育内涵发展是一个动态发展的复杂过程，是随着社区思想教育实践和社会发展的实际需要而丰富发展的，社区思想教育内涵要素取舍的根本依据既是经验总结的过程，又是政策升华固化的过程，这一过程必须体现政策要求的全面性，要随着社区教育发展不断推进，使思想教育逐渐成为社区教育内涵发展的基本理念和主导要素。从社区思想教育工作的深入发展看，要体现政策覆盖面，社区思想教育发展延伸到哪里，政策支持与保障就要及时跟进，指导社区思想教育的全面开展。

3. 必须坚持政策执行的效率性

政策的执行过程，有三个关键阶段，包括准备阶段，即对政策的宣传认知、政策的执行规划；实施阶段，也就是政策发挥功能作用阶段的指挥协调、监督控制；总结阶段，即效果评估、跟踪决策。这三个阶段构成了政策执行的完整过程。社区思想教育政策执行要遵循这一基本规律，在政策执行的过程中必须建立相应的配套机制，运用行政手段、法律手段、经济手段、说服引导手段和技术手段等多种方式，确保政策执行的效率与质量，充分发挥政策对社区思想教育发展的内生驱动力。

二、项目带动策略

项目带动策略是社区思想教育整体布局上的一种策略和技巧，是方法论中重点思维的体现。社区思想教育通过实验基地的建设、重点特色项目的创建，分类推进，分步实施，以点带面，充分发挥示范引领、辐射带动作用。社区思想教育项目带动策略是从社区教育成功实践中得到的有益启示，长期以来社区教育持续推动实验区和示范区建设，充分发挥社区教育示范区在体系构建、机制建设、队伍建设等方面的示范引领作用，有效提升了社区教育服务的能力和水平。社区思想教育是社区教育内涵发展的目标性方向，在发展实践中参照和借鉴这一做法，具有内在逻辑性和历史必然性。

（一）做好项目带动策略的整体规划

项目带动策略，也称项目带动战略，一般指的是经济与社会发展中，依靠项目实施带动全局联动的一种策略。社区思想教育发展引入项目带动策略，这是从宏观上推进社区思想教育发展的一种方法创新。这一策略入口看似很小，着力一点，但涉及全局，牵动整体，是推进社区思想教育的重要措施和必要手段。社区思想教育所指的项目，主要是关于社区思想教育发展的重点课题、实验基地的建设。社区思想教育者应立足于社区思想教育的全面推进，按照分类推进、分步实施的总体布局，从社区思想教育发展全局上做好项目带动策略的整体规划。

在宏观部署上，要体现严密的计划性和组织性。社区思想教育项目建设必须有序进行，这种有序性集中体现在对项目建设规划的科学安排上，总体的原则是集中精力、集中时间、集中资源，分期、分批稳步推进，不急于求成，不急功近利，而是边试点边总结，边总结边完善，以确保项目建设的针对性和有效性。在这一方面，社区教育是有经验可循的。1996 年，教育部发布《全国教育事业“九五”计划和 2010 年发展规划》，提出积极进行社区教育试点工作。1999 年 1 月，国务院批转教育部《面向 21 世纪教育振兴行动计划》中再次明确，要开展社区教育的实验工作，逐步建立和完善终身教育体系。为落实《行动计划》，2000 年 4 月，教育部职业教育与成人教育司印发《关于在部分地区开展社区教育实验工作的通知》，明确了全国 8 个城区为首批社区教育实验区。2016 年，国家九部委下发《关于进一步推进社区教育发展的实施意见》再次强调，要加强社区教育实验区和示范区建设。正是社区教育实验区、示范区长期的实践探索，产生了积极的带动效应，推动着社区教育不断向纵深发展，使社区教育逐渐成为我国实施科教兴国战略计划的一项重要内容。

在微观层面上，要体现明确的目的性和规定性。要对项目内容和标准要作出基本预设，也就是要明确项目研究课题和实验区、示范区基地建设的基本方向和内容。对于社区思想教育课题设计，要根据社区思想教育的现实发展状况，分专题、分门类，把研究的重点放在社区思想教育的内涵界定、功能定位、体制机制、方法探索等基本方面，并把社区思想教育实践中遇到或出现的各种问题作为研究的主攻方向和研究线索，探索社区思想教育发展的内在规律。实验基地建设主要是把现有认知和规律，在一定的区域内进行实验，重在总结经验、样板示范，在基地建设研究样本的选择上，要注重区域性、代表性、层次性。

（二）加快项目建设的成果转化

成果转化是社区思想教育项目建设的关键环节和目标所在。要善于把社区思想教育项目建设的成果转化成辐射带动的社会效应。

社区思想教育课题研究项目不断深化，必然营造社区思想教育浓厚的科研氛围，推进社区思想教育的深入发展。社区思想教育专项课题的研究，是社区思想教育科研工作的重要内容和依托载体，也是大力繁荣社区思想教育的科研氛围的重要举措。社区思想教育专项课题的确立，有利于学界和社区思想教育实践工作者明确社区思想教育科研工作的方向和重点；有利于调动科研人员的研究热情和工作效率，通过各类社区思想教育专项课题的研究，尤其是高层次项目的深入研究，产精品、出力作，实现社区思想教育科研工作的大发展、大繁荣。同时，社区思想教育研究项目数量增加和研究水平的提高，又不断破解社区思想教育发展的难题和困扰，促进社区思想教育内涵的深化、机制的培育、功能的完善，有效增强社区思想教育的科学性、时代性和学理性。

社区思想教育实验基地建设，是以试验区、示范区的形式进行的。一方面，随着实验基地建设分期分批有序推进，基地的数量和覆盖面不但扩大，社区思想教育的理念逐渐深入人心，社区思想教育的影响力不断增强。特别是实验基地的现场感，是社区思想教育功能作用的最好实证，其做法和经验具有强烈的典型示范性，为社区思想教育的全面开展营造出良好的舆论氛围。这是项目基地建设成果转化的一种重要形式，即直观的展示作用、示范作用。这种成果的转化要注意两个关键环节：一是增强媒体的宣传力度，就是要加大实验基地建设情况宣传报道的深度与频次，注重扩大基地建设的社会知晓度；二是增强经验交流的力度，可以通过组织各地深入实验基地现场参观考察、开展经验交流研讨会和实验基地对外开放等多种形式，使基地建设的经验转化为其他地区社区思想教育推进的动力。另一方面，要对社区思想教育实验基地建设的经验和做法进行及时的总结。实验基地建设的目标是要形成品牌效应，从而达到辐射全面的效果，因此对实验基地建设经验和做法的总结提升要注重综合性、特色性和可行性。综合性就是经验的全面性，要涵盖实验基地开展社区思想教育的各个环节、各种手段和方式、具体思路和措施，从领导体制、管理机制、运行机制等方面，抽象出开展社区思想教育的普遍规律和标准化、模式化操作办法；特色性就是要根据实验基地建设所处环境、所面临对象的差异性，突出经验和做法的针对性；可行性就是实验区的经验和做法对其他地区开展社区思想教育要具有启发性和参考性，能够学习借鉴，付诸实施，具有很强的可操作性。

三、协同联动策略

从社区思想教育运行策略上看，新时代社区思想教育作为社区教育中的思想教育，不能脱离社区教育的实际，而是要在丰富社区教育内涵的基础上，以社区教育推进的载体为主要手段，充分调动社区教育中有利于思想教育开展的各种积极要素，整合资源，形成协同联动的格局，以确保社区思想教育的广度与深度。

（一）社区思想教育与基层党建联动

社区思想教育与基层党的建设有着千丝万缕的关系，在宏观意义上，社区思想教育就是基层党的建设的重要抓手，是基层党的思想建设的重要组成部分，开展社区思想教育工作必须与基层党的建设同频共振、协同联动。

社区思想教育与基层党建联动具有内在逻辑性和合理性。社区思想教育与社区党建之间具有密不可分的关系。首先，二者具有共同的作用对象和工作目标。社区思想教育和社区党建都是在社区这个空间地域，面对的是社区居民，只是社区思想教育作用对象是全体居民，而社区党建作用对象重点是社区居民中的党员，无论是社区思想教育还是社区党建，其共同的目标效应，都将促进社区的和谐建设及可持续发展。其次，二者在方法和内容上互通互联、不可割裂。社区思想教育是社区党建的重要载体，社区党的建设中思想政治建设目标任务要依靠社区思想教育具体实施来推进落实，社区思想教育开展的思想教育活动，其方法和内容与社区基层党建具有高度的统一性和一致性。第三，二者在主体上和活动载体上具有同一性和重叠性。社区思想教育主体多元，而社区党的基层组织就是社区思想教育的重要主体之一，社区党建主体在社区思想教育主体构成中具有不可或缺性，同时社区思想教育和社区党建实施载体，往往融为一体、共同施为。

在社区思想教育工作实践中，要把“社区思想教育工作和基层党的建设工作同部署、同考核和同落实”作为推动社区思想教育发展的重要策略，推进社区思想教育与基层党建工作协同运行。一是健全组织领导。党的建设首要的任务是思想建设，社区思想教育是对社区广大居民群众开展的思想教育活动，本质上是社区党的思想建设的重要组成部分，社区党建的主体在社区思想教育中发挥着统筹主导和实践推动的重要作用。社区基层党组织应高度重视社区思想教育工作，主动把社区思想教育工作纳入党的思想建设工作中，合理安排，统筹规划。社区思想教育要强化基层党建主体意识，紧紧围绕基层党的中心工作，明确工作方向、工作思路和具体措施。二是完善工作制度。建立社区思想教育与基层党建联席会议制度，畅通信息沟通渠道，确保统一指挥、统一调度、统一实施；建立社区思想教育与基层党建网络教育统一平台，统筹终身教育和基层党建网站建设内容，建立统一的信息发布、报送等管理制度，规范信息发布程序，推进社区思想教育工作和基层党建工作线上线下深度融合；构建上下一体的联动格局，社区思想教育依托基层党建主体，建立以社区基层党组织为核心主导，以社区思想教育工作者为实施主体，以社会工作者为助力军的联动机制。三是严格责任落实。把社区思想教育工作进展和成效作为重要指标纳入基层党建目标考核范围，确保社区思想教育责任目标落实到位。

（二）社区思想教育与基层社会治理联动

党的十九大报告提出，要坚持和加强党的全面领导，打造“共建共治共享”的社会治理格局，这为社区思想教育融入基层社会治理，构建社区思想教育与基层社会治理联动机制指明了方向。

社区思想教育工作与基层社会治理之间紧密关联、相互促进。基层社会治理主要是政府和社会组织为促进社会系统协调运转，对社会系统的组成部分、社会生活的不同领域以及社会发展各个环节进行组织、协调、监督和控制的过程。社区思想教育涉及、渗透了基层社会治理的全领域、全环节、全过程，在协调社会关系、规范社会行为、解决社会问题、化解社会矛盾、促进社会公正、应对社会风险、保持社会稳定等方面发挥着重要作用，是基层社会治理的积极手段和有效补充。同时，基层社会治理的创新治理理念、管理规划布局、协同运行机制也为开展社区思想教育创造了基础运作条件和社会环境，强化了社区思想教育对基层社会治理的责任和使命。

基于基层社会治理视域下的社区思想教育，首先，必须树立起协同治理的理念。要深刻认识二者联动的必要性和必然性。在社区思想教育与基层社会治理联动中，社区思想教育是手段，基层社会治理是目标，手段和目标的高度统一、有机联动，能够有效增强基层社会治理的合力，推进理念创新、方法创新、工作创新，为优化基层治理机制提供“思想引擎”，促进基层社会的和谐发展。要从协同治理的维度，深化社区思想教育的发展内涵、功能作用和价值意蕴，为社区思想教育与基层社区治理联动做好思想准备和物质准备。其次，必须构建起统一协调的机制。党的领导的组织体系、政府主导的管理格局、社会参与的辅助力量，这是社区思想教育与基层社会治理实施主体一致性的直接体现，为二者协同发展提供了先决条件。要建立社区思想教育融入基层社会治理的统一领导机制、管理机制、协调机制和社会参与机制，形成社区思想教育和基层社会治理主体权责明确、运转高效的动态协同关系。再次，必须创设提升协同推进的载体。要适应基层社会治理的实际需要，加大社区思想教育基础能力建设力度，着力完善社区思想教育组织体系、课程资源体系，充分发挥社区思想教育完善的组织结构优势，以优质教育资源助推基层社会治理。同时，要优化社区思想教育服务基层社会治理的形式，以提升社区治理能力为导向，整合资源，创新方式，不断满足社区居民终身性的个性化学习需求；要着力突破教育时空局限，创设网络化、多节点分布式学习空间，搭建线上线下互动的共享社区学习平台；要以增强现代公民素质为核心，不断丰富社区思想教育内容和教育实践活动形式，强化社区思想教育的社会化和社会管理功能，推动社区思想教育与基层社会治理的深度融合。

（三）社区思想教育与文化建设联动

社区思想教育是提高社区文化建设水平的重要途径，实现思想教育与文化建设的有机融合，是提高社区文化建设质量的必经之路。同时，文化建设中文化艺术活动又是思想教育的重要载体，更是思想教育成效的直接反映，社区文化艺术的繁荣必然推进社区思想教育的健康发展。

社区思想教育与文化建设联动是一个双向互动的过程，在这一过程中，互相作用、互相促进、互相提高。一方面，社区思想教育融入文化艺术元素，以文化艺术活动为手段和方式，使社区思想教育形式更加多样、内容更加丰富、方式更加灵活。文化艺术属于文化建设的范畴，是各种艺术表现方式体现出的智慧群体的文化特征。把文化艺术元素融入社区思想教育，是社区思想教育方法的一种艺术表现形式，强化了社区思想教育的文化特征，使社区思想教育更具群众性和渗透性。另一方面，社区思想教育与文化建设联动不仅体现在内涵的融入，还体现在活动的同频同奏上。社区思想教育活动与文化建设活动联动，使得文化建设活动的形式更加规范，着力方向更加专注于基层社会、基层群体，内容上更具思想性、人民性，强化了社区文化建设“以文导向、以文化人、以文聚力”的功能作用，可以为社区居民提供更高质量的文化艺术产品，满足文化生活多样性需求，既为社区文化建设丰富了内涵，又为社区文化建设的发展提供了方向保障。

社区思想教育与文化建设联动，使社区文化建设活动承担起社区思想教育的责任和使命，推进社区建设的和谐发展。首先，必须强化社区文化阵地建设，完善管理体制。要加大社区文化场馆和社区文化活动基本设施的建设力度，为正常开展社区各种文化艺术活动提供必要的阵地条件；要紧扣社区思想教育需要，健全完善社区文化活动各项规章制度，做好统筹安排，确保社区文化建设目标明确、主题鲜明、内容健康、活动规范；要加大社区文化队伍建设，既要有专门的懂文化、会艺术、善组织的管理队伍，又要有艺术活动专门人才队伍。其次，必须创新社区文化活动形式，保证群众参与性。社区文化活动在内容上，要充分考虑传统文化与现代文化的结合、乡土文化与外来文化的结合、高雅文化与通俗文化的结合，做到既继承优秀传统文化遗产又广纳现代文明成果；既重视乡土文化又不排除外来文化；既有“阳春白雪”的高雅艺术，又有“下里巴人”的通俗文化。在形式上要提倡多样化，防止单一化，努力做到文化娱乐、休闲健身、环境美化、思想教育、科技普及、艺术培训、网络咨询等等包罗万象；歌舞音乐、说唱弹奏、琴棋书画、体育竞技等等形式多样。总之要以群众喜闻乐见的文化活动形式为载体，以提高和升华居民群众的精神境界为目标，想群众之所想，应群众之所需，得群众之所盼，使社区文化得到居民群众的普遍认同和广泛参与。第三，要着力加强社区文化产品的思想启迪性。社区是居民学习生活的最基本单位，是抵御各种腐朽思想侵蚀的第一道防线。要发挥社区文化的教育启迪功能，坚持把思想教育贯穿到社区文化的全过程，落实到社区文化的每个环节和每项工作中，努力做到社区文化教育化、文化教育社区化，真正把社区变成一所没有围墙的大学。①

---

① 宁玲．关于加强社区文化建设的思考 [J]. 中国石油大学胜利学院学报，2007（3）：86—88.

第三部分

研究与探索篇

本篇包含三章，主要是研究区域党建融入社区教育发展、思想政治建设与社区教育协同推进、基层治理与社区教育同步实施三个方面的问题。社区教育这三方面的融合发展，是新时代我国社区思想教育高质量发展的创新实践和重大课题。本篇立足于从理论上阐明融合发展、协同推进、同步实施的规律性和逻辑性；从实践经验中力求对客观现状进行全面深入分析，总结经验，发现不足；并分别对社区教育在区域党建、思想政治建设和国家基层治理视域中深度推进提出探索性的意见和前瞻性的方案。

第七章
区域党建与社区教育融合发展

近年来，随着我国改革开放的深入推进，区域化党建和社区教育以点带面深入开展，在城市基层治理中发挥了重要作用。综合考察区域党建、社区教育自身发展的客观现状，可以找到其融合发展的现实必要性和理论逻辑性。区域党建和社区教育有机融合，强化统筹管理体制，创新协同推进模式，建立科学考评办法，是新时代区域党建、社区教育高质量发展的必由之路。

我国改革开放不断向纵深推进，丰富了党的建设新内涵，拓宽了党的建设新思路，区域化党建与时俱进全面发展，已成为基层组织力提升的重要手段和创新举措。教育体制改革适应新任务、新情况，社区教育应运而生，以社区为载体，以促进人的全面发展为目标，逐渐探索出区域化发展的新路径。党的十九届四中全会明确把构建服务全民终身学习的教育体系纳入国家治理体系和治理能力现代化范畴，这就为新时代区域党建与社区教育融合发展提供了理论支点和探索方向。① 深入研究区域党建与社区教育有机融合、协同发展的运行模式，这既是区域党建现代化、科学化的迫切需要，也是社区教育破解难点、高质量发展的现实课题。

一、区域党建与社区教育融合发展的理论基础

任何事物的良性发展都有其理论渊源和逻辑归依，从区域党建与社区教育功能作用的出发点、内涵外延的交汇点、手段方式的共同点上深入分析研究，就能揭示二者深度融合、有机联动的内在规律性和现实必然性。

（一）思想基础的一致性

一是资源整合的系统思维。比较区域党建、社区教育的思维特性，其共性特征是明显的。新时代党的建设新的伟大工程是一个整体的大系统，区域党建之所以得以由点到面全面展开，就是要打破基层组织建设条块分割的客观现状，提高党的建设的覆盖面和有效性。教育是一个内涵丰富的大概念，既包含幼儿、中小学等基础教育，也涵盖职业教育、高等教育和终身教育，教育工作重心向社区教育倾斜延伸，是教育资源的合理再分配，教育效能的辐射再提高。区域党建、社区教育开展的初衷带有很强的共性规律，与整合资源、全面覆盖、提高效率的系统思维具有高度的契合性。

二是立体辐射的开放理念。长期以来，基层党的建设主要是针对单位和单位人，依靠的主要是基层党组织的行政推动力，带有很强的计划经济时代单一化、封闭化烙印，随着市场经济体制的逐步建立，

① 中国共产党第十九届中央委员会第四次全体会议公报 [EB/OL].（2019-10-31）[2020-02-20].http://www.xinhuanet.com/politics/2019-10/31/c_1125178024.htm.

区域化党建的创新从基层党建的组织架构、管理体制、工作重心上重新调整布局，基层党建向管理对象多元化、社区化，管理手段多元化、现代化，资源整合统筹化、效率化发展。社区教育打破了教育工作的重心主要在学校教育、高等教育的传统格局，与时俱进大力开展社区教育，构建全民学习的终身教育体系，开辟了教育领域寻求发展的新路向和新途径。深入考察区域党建和社区教育的发展历程，其由上到下、由点到面、由条到块的开放理念是共同的理念支撑。

三是统筹推进的规模效应。区域党建和社区教育处于城市基层治理同一平台上，都是随着改革开放的不断深入，在组织系统和教育系统分别推出的创新举措，本质上具有区域性重叠、内容上交叉、效能上互补的天然属性，区域党建和社区教育统筹推进，集约化运作，便于统一意志，协调行动，节约大量的人力资源，有效降低管理成本，切实提高实际效能。这是区域党建和社区教育融合发展的重要理论基点，也是区域党建和社区教育有机融合的内在动力。

（二）价值目标的同向性

一是面向基层的发展定位。区域党建和社区教育都着眼于城市社区，实际上是由宏观到微观的转化，从相对抽象到具体实际的倾斜，面向基层、面向社会、面向全民是共同的发展走向。在城市基层党建中全面推行区域化党建，根本上是强调基层党的建设工作要进一步优化组织设置，打造辖区单位共同参与、互动联动的“大党建”格局，打破条块分割，统筹各方资源，夯实基层基础。①而社区教育本质上是面向社区全体公民，以促进本社区人的发展和社区发展为目标，充分整合辖区教育资源、社区文化资源，健全完善服务全民学习的终身教

① 中央办公厅关于加强和改进城市基层党的建设工作的意见 [EB/OL].（2019-05-28）[2020-01-30]http://www.mca.gov.cn/article/xw/tt/201905/20190500017234.shtml.

育体系，从而达到教育资源共享，教育权利平等。[①] 与之相适应，在原有的学校、培训机构等教育资源不断加强力量整合的基础上，社区教育“社区大学、社区学院、社区学校、社区学习中心”四级网络架构逐步形成。面向基层的发展定位，为区域党建和社区教育深度融合提供了现实可能。

二是精准治理的目标功能。党的建设区域化推进是从组织建设层面，通过党的建设全覆盖，夯实党的执政基础，提升基层组织力，发挥出凝聚人心、正确导向的重要作用。社区教育的繁荣发展，着力于“社区人”的文化素质、艺术素养、行为习惯、精神需求整体素质的提高，对于“稳定一方，和谐一方，发展一方”人文环境的形成具有举足轻重的作用。无论是区域党建还是社区教育都将促进城市化管理水平提高，最终的效果都是城市基层治理体系的完善和治理能力的增强。

三是内化引领的价值内核。区域党建的党员教育、干部教育、宣传教育和社区教育所开展的各种教育活动，都具有教育工作引领性、内化性的共同特征。区域党建致力于牢固树立理想信念、政治信仰，强化党建引领的影响力和渗透力，是组织行为和政治行为；教育从本质上是为政治服务的，从来没有脱离政治的教育，社区教育是一种饱含政治元素的社会行为，其中心工作是在辖区教育活动中宣扬党的路线、方针、政策，弘扬社会主义主旋律，使社会主义核心价值观内化于心，外化于行。

（三）运行模式的互补性

区域党建与社区教育推进的模式具有协同性、关联性，区域党建与社区教育互相渗透，互动双赢。

---

① 教育部等九部门关于进一步推进社区教育发展的意见 [EB/OL].（2016-07-25）[2020-01-20]http://www.jyb.cn/info/jyzck/201607/t20160725_666607.html.

一是网格化的管理体制互通。区域党建的中心工作是制定区域管理目标的总原则，社区教育紧紧围绕党的中心工作贯彻落实，这既是政策的总遵循，也是管理理念的传导执行；广义的区域化党建管理涵盖了社区教育的范畴，区域党建的主体责任外延包含了对社区教育的全面领导；区域党建管理由党委主导，依托街道党工委，建立区域党建协调工作机构，辖区单位共同参与的工作格局，与政府统筹，依托社区大学，辖区各类教育资源、社会培训机构共同参与的社区教育管理布局，各有侧重，又相互交融。

二是区域化的活动载体互促。区域党建和社区教育都要通过创新载体来具体实施扩大影响，区域文化、辖区受众、载体平台的统一性，决定了区域党建活动和社区教育活动互动互融。区域化党的建设从活动内容、载体形式都带有很强的社区教育活动的文化性、群众性、服务性特征，同时，社区教育的主题更加鲜明，渠道更加顺畅，内容更加丰富，区域党建和社区教育活动载体同频共振的生动局面正在逐渐形成，这也给区域党建和社区教育融合发展提供了新的经验。

三是战略化的政策优势共享。不断加强党的建设、不断深化教育体制改革都是国家发展战略层面的重大课题，区域党建是在党的建设新的伟大工程向纵深推进的新探索，是党的建设创新发展的重要举措，社区教育是党的教育强国战略的重要组成部分，也是构建服务全民终身学习的教育体系的重要内容，二者的推进和实施具有一贯性、长期性和经常性。在改革开放不断深化的时代背景下应运而生的区域党建和社区教育，经历了开端发源、基本构建、完善创新的发展阶段，每一步的跃升都是经验总结、政策推动。战略化的布局，是一种共同的政策优势，这为化解区域党建和社区教育发展中的问题与矛盾，实现区域党建和社区教育融合发展提供了政策支撑的可能。

二、区域党建与社区教育融合发展的客观现状

区域党建和社区教育作为区域治理的一个问题的两个重要方面，二者有机整合是系统论的逻辑归依，资源整合必然形成“1+1 ＞ 2”的效率优势。但综观近年来的区域党建和社区教育融合的实践，情况不容乐观。

（一）有机融合发展态势尚未正式形成

一是融合发展乘势而上的紧迫性不足。区域党建、社区教育作为改革开放在党建领域和教育领域的创新举措，本身带有探索性、开创性，聚焦点是这种创新举措对党的建设、教育发展本身的健全与完善，侧重点是这种新观念、新思维对基层组织建设、教育事业的促进与推动，特别是对城市区域治理结构的完善和能力的提升。

二是统筹发展创新举措综合性不强。综观区域党建和社区教育发展实践，不可否认，区域党建和社区教育推进举措不断创新，但区域党建和社区教育统筹安排、一体推进的规模效应还没有充分发挥出来，辖区单位各有职责、各有任务，特别是随着城市管理体制改革的深化，城市管理职能下移，街道社区作为区域党建和社区教育全面推进的主要载体，承担了大量基层治理的政府职能和社会职能，工作任务的不断加重与人力资源数量上严重不足、素质偏低的矛盾日渐突出，区域党建、社区教育存在表面化、形式化、质量不高的隐忧，亟待区域党建和社区教育力量整合，以保证区域党建和社区教育的高质量发展。

三是纵深发展精准施策针对性不够。区域党建和社区教育在推进的过程中有很多好的做法和经验，也正是这些经验和做法推动着区域党建和社区教育不断向纵深发展。这些经验是多方面的，有很强的指导性和针对性，但我们缺乏把区域党建和社区教育的成功经验进行比较分析的研究，没有抽象出二者共性的、普遍性的指导工作推进的基

本原则、基本经验、基本做法，使得实际工作中区域党建和社区教育融合推进的整合功能被淡化了。

（二）协同推进互补性整合优势尚未充分发挥

一是顶层设计和总体布局的松散性。从区域党建、社区教育管理体制本身来考察，其出发点是要打破条块分割，有效整合城市社区的各种资源，以达到基层治理功能的最大化，但区域党建注重的是党的建设的基层组织构建，是基层党的建设纵向与横向资源的整合，社区教育突出的是教育资源的开发与利用，客观上形成了党建和教育两条线、两个面，管理体制上的共性被忽略了，缺乏联合协调机制。

二是资源共享和信息互通的低效性。区域党建和社区教育推进措施互相促进、相互补充、有机结合不够。理论上区域党建和社区教育具有统一性、同一性，但由于总体布局上的专业性、分散性，导致实际工作中尽管是同一落实主体，但因为任务不同、业务不同，区域党建和社区教育出现多面作战、四面开花局面，基层在具体推进的过程中不可避免地出现工作重复、疲于应付、效率低下的问题。三是考核办法和评价机制的粗放性。区域党建和社区教育自成系统，没有设定明确的共同目标体系，缺乏二者融合推进的共同评价标准。区域党建和社区教育是否融合、在哪些方面进行了融合、融合的最终效果如何，这样一些基本的考核内容没有纳入工作考核的指标体系，造成区域党建与社区教育融合的抽象化、随意化和形式化。

（三）共建共治常态化配套政策尚未全面出台

一是理论准备还不充分。理论界对区域党建和社区教育融合发展的重要性、必要性还认识不足，对区域党建和社区教育融合发展的运行规律、内在联系还研究不深，许多做法还停留在自发摸索的实践层面，还需研究厘清。

二是政策支持还不配套。这些年来，区域党建、社区教育自身发展推进已经进入了“深水区”，从中央到地方都在总结相关的经验和做法的基础上出台了推进工作的政策文件。比如，1996 年，中组部下发了《关于加强街道党的建设工作的意见》，为贯彻这一要求，上海市委率先提出了“社区党建”的概念；2002 年，党的十六大报告要求高度重视城市社区街道党的建设，以服务群众为重点构建城市社区党建工作新格局；2019 年 5 月，中央办公厅印发《关于加强和改进城市基层党的建设工作意见》，对城市基层区域化党建工作创新发展提出了新要求。[①] 就我国社区教育的发展历程来看，政策指导也是梯次推进的。我国从 20 世纪 80 年代末开始了现代社区教育的探索；2000 年，教育部印发了《关于在部分地区开展社区教育实验工作的通知》，开始在全国推广社区教育实验区建设；2004 年印发了《关于推进社区教育工作的若干意见》，提出了“到 2007 年，全国社区教育实验区要扩展到各省（自治区、直辖市）”等政策目标；2016 年 7 月，教育部等九部门印发了《关于进一步推进社区教育发展的意见》。[②] 综观这些政策文件，都是从纵向宏观上分别推进区域化党建、社区教育，尽管政策文件中蕴含了二者之间融合发展的理念元素，但横向微观有机结合的政策措施并没有出台，也尚未提出区域党建和社区教育融合发展的具体明确的目标要求。

三是治理理念还不是多元的。区域党建、社区教育的指向都是城市基层治理结构的完善与治理能力的提升，治理理念本身包含着开放、立体、互动的因子。在区域党建和社区教育实际工作中，封闭的、自我的、单一的传统思维和工作模式没有根本打破，人们还不习惯从一种更为灵活的互动论视角，从政府、市场、企业、公民、社会的多维

---

① 高红霞．城市社区党建区域化模式的研究——以呼和浩特市新城区为例 [D]. 呼和浩特：内蒙古大学，2012.

② 官华，杨针．社区教育政策执行差异性研究 [J]. 职教论坛，2018（9）：20—24.

度、多层面观察处理问题，特别是随着城市管理责权下移，作为基层治理职能执行者的街道社区队伍，力量和素质准备不足，从而加剧了工作的表象化和短视化，客观上使区域党建和社区教育的二元化割裂被忽略甚至于无视。

三、区域党建与社区教育融合发展的机制探索

（一）强化统筹管理体制，构建融合发展新生态

一是建立共谋共管的领导体制。目前，区域化党建和社区教育是以专业化管理为主，部门分工过细、职责交叉，多头管理、部门掣肘等问题比较突出，导致在具体的推进过程中，遇到的一些需要跨部门、跨行业协调解决的问题时，得不到有效解决。针对这一客观现实，要坚持机制创新，建立区域党建和社区教育管理工作联席会议制度，进一步明确二者融合发展的指导思想、基本原则和总体目标，厘清各相关部门的职能，强化部门联动配合，形成上下统筹推进的合力，切实协调解决城市基层治理工作中涉及区域党建、社区教育的重大问题。

二是强化权责明晰的责任机制。区域党建和社区教育融合推进，这种融合的主体虽然是二元的，但主次要加以区分，区域党建在区域治理中是第一责任主体。从广义的党建来看，区域党建包含了社区教育的内容，社区教育要紧紧围绕党的中心工作来开展，区域党建要牵头抓总，既要突出党建工作的全面性、宏观性，又要把握社区教育的特殊性和规律性，要把社区教育作为重要内容和工作推进手段，合理规划，一体设计，统筹兼顾。

三是出台统筹协同的配套政策。在全面总结当前区域党建、社区建设成功做法和经验的基础上，对原有的相关政策文件进行深入研究，扬长避短，尽快制定加强区域党建和社区教育融合发展的同步实施文件，进一步明确发出区域党建和社区教育融合发展的政策指向，切实

改变融合发展自发性、模糊性、随意性的客观现状，硬化融合发展的总体路径、基本方法和运行模式，构建区域党建和社区教育融合发展向纵深推进的制度化、规范化政策环境，强化区域党建和社区教育融合发展的政策保障。

（二）创新协同推进模式，激发融合发展新活力

一是创新治理理念。区域党建和社区教育要尽快从相“加”阶段迈向相“融”阶段。所谓相“加”阶段，就是虽然大家已经在一起干活了，但仍处于“你是你、我是我”相互独立的状态。所谓相“融”阶段，就是“你就是我、我就是你”。[①] 这中间还有一个过渡阶段，就是“你中有我、我中有你”。应当看到，在实际工作中，很多方面基本上还处于相“加”的阶段，离相“融”的阶段还有很大距离。真正实现从“你是你、我是我”到“你中有我、我中有你”，再到“你就是我、我就是你”的跨越，关键是要实现思想观念、治理理念、管理模式上的根本转变，这就需要双方密切合作、扬长补短，真正融合起来。

二是创新工作流程。要实现区域党建和社区教育深度融合，就要坚持一体化发展方向，通过流程优化、平台再造，实现各种区域资源、生产要素有效整合。要找准融合的着力点，既要防止以宏观党建的共性淹没社区教育的个性特征，又要防止以社区教育的微观成果取代区域党建的整体成效，二者之间良性融合关键在于区域党建要带动社区教育，要发挥区域党建的组织优势，为社区教育把向引航，要通过整合社区教育的业务资源，增强区域党建的凝聚力、影响力和战斗力；要实现信息内容、技术应用、平台终端、管理手段共融共通，真正探索出一条融合发展的新路径；要破解融合的“肠梗阻”，区域党建和社区教育的有机融合，效果如何既取决于体制机制、认识高度、操作层

① 习近平谈治国理政（第一卷）[M]. 北京：外文出版社，2016：331—334.

面，又在很大程度上取决于区域党建、社区教育工作者的整体政治素质和业务能力，要充实基层工作力量，加大培训力度，着力建设高素质的干部队伍、党员队伍和人才队伍。

三是要创新运行载体。区域党建和社区教育融合建设涉及政府、企业、学校、行业、街道社区等多元主体。融合发展总体定位是，为完善基层治理体系和提升治理能力树立区域化推进标杆，为创新要素深度融合提供载体，为推进政策组合创新开展试验。区域治理协调联动作为基础节点，就是要发挥牵头统筹域内资源和政策的作用，压实融合任务和责任。街道社区作为重要支点，就是要推动区域党建和社区教育融合在特定领域集聚发展，更好地落实党建、教育、文化、宣传政策组合叠加。街道社区基层党组织、域内教育文化机构是核心重点，就是要激发基层微观主体活力，让更多辖区组织机构积极参与，发挥重要主体作用。

（三）建立科学考评办法，健全融合发展新保障

从现代管理学基本原理分析，科学完善的考评办法必备元素有：科学设置指标，体现科学发展观；合理配置权重，有效激励创新创业；实行差异管理，增强考核结果可比性。建立区域党建和社区教育深度融合考核评价机制，既要遵循考评机制的一般规律，又要体现融合考评的特殊要求，要由原来基于区域党建和社区教育单一化的考核转向融合发展综合指标的全面考核评价。具体来说要实现“三个转化”：

一是由封闭考核到开放考核的转化。统一制定区域党建和社区教育融合发展考核评价体系，科学设置综合考评指标，把党建管理指标、社区教育指标纳入统一的考核体系，推动区域党建与社区教育考核激励同频共振、互融互促。考核布局上，坚持党的建设总牵头，突出教育部门支持配合，统筹布局“三级联动考核”，市州一级负责顶层设计、县（市）区一级负责区域推进、街道社区负责具体落实；考核主

体上，由区域党建、社区教育单一化考核辖区基层党组织、社区教育部门，向联合考核基层党建部门、社区教育单位和辖区内各种社会组织延伸；考核评价上，坚持组织评价与社会评价同步推进，建立健全市民参与、舆论监督机制。实现考核实施主体一体化，考核责任主体多元化，考核评价社会化，从而形成纵向到底、横向到边的立体交叉网格化考核推进格局。

二是由终末考核到全程考核的转化。要建立区域党建和社区教育融合发展的全程考核办法，从管理体制、推进举措、队伍建设、落实效果综合层面精准把握融合发展的动态。坚持“考核教育看党建、考核党建看教育”，把社区文化、终身教育、舆论宣传、市民素质、和谐稳定等与社区教育息息相关的内容纳入区域党建工作考核指标。同时，在日常工作考核的基础上，建立健全区域党建和社区教育融合发展工作现场检查考核机制，将党建工作成效与社区教育绩效按一定比例考核，推动区域党建和社区教育融合发展责任制落实。

三是由定性考核到定量考核的转化。构建区域党建和社区教育融合发展工作考核评价体系，通过对组织内部各个流程的输入端、输出端的关键参数进行设置、取样、计算、分析，对区域党建、社区教育相互交融的各项工作指标梳理细化，制定目标式量化管理指标，进一步明确区域党建、社区教育主管部门目标责任，具体细化街道社区相关社会组织部门任务要求，使融合发展业绩考评建立在科学量化的基础之上，从而确保区域党建和社区教育融合发展工作“同步考核、双向挂钩”，以双向挂钩倒逼双向融合，推动形成“一体两面”做工作、共建共治谋发展的工作格局。

第八章
思想政治建设融入社区教育发展

思想政治建设是社区教育发展的质量保证，深入分析思想政治建设融入社区教育发展的客观现状，准确把握社区教育发展特有规律，着眼实践育人、文化育人、服务育人，实现思想政治建设与社区教育深度融合，必然拓宽社区教育发展视野，强化社区教育发展内力，提升社区教育的思想性、针对性和有效性。

习近平总书记在全国高校思想政治工作会上的重要讲话，为高校教育发展突出思想政治建设这个主题指明了行动方向[①]，也为新时代社区教育深入推进注入了新动能，明确了社区教育高质量发展的新要求。当前，如何把思想政治建设进一步融入社区教育，充分发挥思想政治建设在社区教育发展中的应有作用，是摆在我们面前的重大现实课题。

① 习近平谈治国理政（第三卷）[M]. 北京：外文出版社，2020：328—332.

一、思想政治建设融入社区教育发展的价值意蕴

（一）保证社区教育属性品质

1. 社区教育的社会教育属性必须强化党建引领的主导性

社区教育起源于西方社会，是面向全社会的一种开放教育体系，是校园教育的延伸与扩展，使得社区教育呈现出教化与文化交融、外化与内化相生、包容与开放并存的复杂特点，同时基于不同的社会环境、不同的文化背景，社区教育的推进方式既有趋同性也有差异性。这客观上需要我们在借鉴西方社区教育理念和做法的同时，要善于抽象出规律性，始终把握我国社区教育的自身特点，避免照搬照抄，确保社区教育既要保持其固有的社会教育属性，又凸显我国制度特色的教育特性。思想政治建设是基层党建的重要内容和实践抓手，将其融入社区教育，实际上是把社区教育纳入了党的建设的范畴，可以有效实现教育社会化与社会教育化的高度统一，为社区教育发展把舵领航。

2. 社区教育的终身教育属性必须坚持思想教育的基础性

党的十九届四中全会专门强调要构建服务全民终身学习的教育体系，社区教育是终身教育的重要载体和实施主体①，“立德树人”始终是其功能作用的价值内核。社区教育主要面对的是“社会人”，其服务对象年龄层次、文化程度、生活环境、社会阅历的多样化、差异性，有教无类、终身教育的大众化、群众性，折射出了社区教育服务需求的多维度与发散性。这就要求社区教育要突出“终身教育”的基本特性，以区域“社会人”思想政治建设为主线，以人的素质的全面提高、建设学习型社会为主要目标任务，以思想教育为主要手段，致力于社会主义核心价值观的熏陶与树立，确保思想教育服务的全覆盖、长远性

① 中国共产党第十九届中央委员会第四次全体会议公报 [EB/OL].（2019-10-31）[2021-7-20].http://www.xinhuanet.com/politics/2019-10/31/c_1125178024.htm.

和持久性[①]。

3. 社区教育的社会治理属性必须突出政治建设的根本性

现代社区教育已经不是一个单纯的“教育”理论层次上的问题，社区教育的功能作用是理论与实践、直接与间接、显现与隐现的辩证复合体，但更偏向于与时代节拍同频，倾向于教育理念的实践兑现，使得社区教育成为完善基层治理体系和加强基层治理能力的重要组成部分。随着改革开放的不断深入，城市化建设的快速推进，社区作为国家治理体系最基础的细胞，其人员构成的复杂性、社会组织的广泛性，势必带来各种观念、各种诉求、各种矛盾的集中显现，诸多改革开放的焦虑迷茫、意识形态领域的交叉碰撞必然沉淀其中。在这种特定的社会环境下，社区教育作为城市区域治理的重要载体，不断加强思想政治建设，充分发挥思想意识形态主阵地作用，矫正修复扭曲失范的社会情绪，在全社会弘扬主旋律，培树正能量，就尤显重要。

（二）促进社区教育内涵发展

1. 确保全面性

实践证明，在不同的历史时期、不同的社会发展阶段、不同的社会建设领域，始终坚持加强党的思想政治建设，这是党的建设的宝贵经验和巨大政治优势，也是各项事业健康发展的重要保障。社区教育是党的教育方针总体布局中的重要一环，加强思想政治建设是其固有内涵和基本要求，强调要把思想政治建设融入社区教育，一方面可以有效防止和克服把思想政治建设和社区教育割裂开来的错误倾向和认识误区，另一方面也必然增强思想政治建设在社区教育中的主导作用，突出思想教育的价值内核，着力对“社会人”的理想信念、价值追求

---

① 教育部 . 高校思想政治工作质量提升工程实施纲要 [EB/OL].（2017-12-4）[2021-7-20].http://www.moe.gov.cn/srcsite/A12/s7060/201712/t20171206_320698.html.

进行精神引导，使社区教育目标更清晰、内涵更丰富。

2. 增强专业性

社区教育是一门科学，是一门承担社会责任、政治责任、关乎社会发展的特殊新兴学科，其内涵和外延需要随着形势任务的变化不断完善和拓展[①]。近年来，教育体制改革不断深化，无论是基础教育还是高等教育，思想政治课的分量和地位在不断加强，这是新时代教育学科建设的方向和主线。准确把握时代脉搏，结合区域治理、终身教育的实际，通过社区教育思想政治课程的科学设计、社区教育工作者素质的全面提升，创新社区教育的载体和措施，使学校教育、社会教育和家庭教育一体化，实现思想政治建设与社区教育无缝对接，必然增强社区教育的完整性和系统性[②]。

3. 提升思想性

思想政治建设既有原则性和严肃性，其工作方式又讲究灵活性和艺术性，这是思想政治建设的特有文化特征。思想政治建设融入社区教育，可以丰富社区教育的实现手段和表现形式，一般来看社区教育的文化性呈现的是人文环境、艺术活动、个体素质等外在表象和舆论氛围，带有松散性和无序性，社区教育与思想政治建设深度融合，有利于社区教育根据社会发展的形势变化，聚焦社会群体的思想动态，通过社区教育中多元化的思想政治工作元素互动融合，促进社区文化的组织性与严密性，从而形成国家认同、民族自信、群体追随的主流文化效应，提升社区教育文化育人的品位与质量。

---

① 路宝利，张之晔，吴遵民．构建服务全民终身学习教育体系的本质思考——基于“自我导向学习”的视角 [J]. 现代远程教育研究，2021（8）：1—11.

② 中共中央国务院．关于加强和改进新形势下高校思想政治工作的意见 [EB/OL].（2017-02-27）[2021-7-20].http://www.gov.cn/xinwen/2017-02/27/content_5182502.html.

（三）推进社区教育协同运行

1. 与区域党建融合发展

思想政治建设是区域党建的重要内容，加强社区教育思想政治建设有利于加速区域党建与社区教育融合发展。当前，社区教育仍然是教育部门主导、垂直管理的传统格局，条块分割、单线运作的基本模式还没有根本打破，资源整合、优势互补的协同发展的格局尚未形成。区域党建立足于街道社区，由区域党组织牵头，对整个区域党的建设工作统筹布局，系统化运作，实现党的建设工作全覆盖。社区教育与区域党建具有思想基础的一致性、价值目标的同向性、运行模式的互补性，加强社区教育的思想政治建设，把社区教育纳入区域党建的整体布局中，必然促进党的干部教育、党员教育与社区教育有机结合，提升社区教育的有效性和针对性①。

2. 与文化宣传协同推进

近年来随着区域化党的建设的深入推进，城市基层宣传教育工作网络、宣传教育基地逐步健全完善，红色教育、红色讲坛气氛日渐浓厚。同时城市文明建设加速提质，也使得城市社区各种文化活动日渐丰富，既有文化下基层活动，也有社区本土文化、传统文化、区域文化的挖掘培植，社区文化的土壤和底蕴已趋成熟。加强社区教育中的思想政治建设，有利于社区教育共建共享社区文化、宣传教育资源，创新社区教育推进模式和运行载体，进一步突出宣传引导和以文化人的功能作用②。

3. 与社会服务同步提升

服务基层、服务人民，这是党的中心工作的核心要义，加强社区教育的思想政治建设，可以强化社区教育的社会责任感和使命感，使

① 桑宁霞，任卓林. 终身学习服务体系整合效应研究 [J]. 中国成人教育，2021(17)：3—8.

② 蒋篁. 浅论思想政治教育与社区文化建设 [DB/OL].（2021-12-03）[2022-04-20]. 人人文库. https://www.renrendoc.com/paper/171472224.html.

社区教育始终围绕党的中心工作来开展。基于思想政治建设视域下的社区教育，提供的教育服务不再是单纯的教育产品，而是社会服务的延伸和渗透，其质量的评判标准是“以人民为中心”,“社会人”的服务需求成为社区教育开展的直接动力，拓展了人的全面发展与社会治理、乡村振兴有机整合的新思维新路径，必将促进社区教育实现形式与社会服务的高度统一。

二、思想政治建设融入社区教育发展的现状反思

（一）思想认识上的误区

1. 对社区教育政治属性理解不足

教育的时代性和阶级性是明显的，一个时代有一个时代的教育，一个阶级有一个阶级的教育，教育是为统治阶级服务的，从古至今、从国外到国内，从来没有脱离于政治的教育，教育从脱胎以来就打上了政治属性的烙印。社区教育因其社会性与开放性特征，本身肩负着对公民进行政治教育，推进社会民主化的职责，其自然属性、社会属性必然以政治属性的完整表达得以实现。当前社区教育实践中，形而上学的思想仍有市场，政治意识不强、政治格局不高的现象仍然存在，不重视社区政治教育功能发挥，社区教育呈现出人文关怀不足、社区精神内核不突出、群众参与度不稳定等情况。外功有余，内功不足，对群众活动过度依赖，而活动多流于形式，浮于表面，缺乏深层次的政治生活涵养，从而影响了服务群众的效果。社区思想教育空洞化现象也比较突出，没有紧扣时代主题，仍以“填鸭式”为主，缺乏吸引力。

2. 对社区教育特殊规律把握不准

社区教育是国民教育的重要组成部分，既具有教育的一般性特征，又具有自身特殊性。一般性特征是指专业知识的传授性、文化的引导

性、习惯的养成性，这是教育的共性特征和普遍规律。特殊性是指面向全社会、面向人人的终身教育理念，其核心是素质教育，是从未成年到成年的教育，是完成文明教育的过程。素质教育不囿于专业性，而致力于培养做人的品格和修养的过程，偏重于思想的引领、舆论的引导、文化的熏陶，更强调教育的实践性和有效性。当前社区教育实践中，忽视了思想政治建设应有的地位与作用，对社区教育的特殊性规律把握倚重倚轻，教育的一般性特征掩盖了其特殊性规律。

3. 对社区教育所处环境分析不够

社区教育作为改革开放的新生事物必然带有其特有的探索性和创新性，这也一定程度上局限了社区教育的思维和视野。社区教育的理论起源于西方文明，外来思维本土化，西方社区教育中国化，是我国社区教育良性发展的核心问题。这就要求我们在借鉴先进理念的同时，要充分认识到我国社区教育所处时代背景的特殊性、区域环境的复杂性和社会主义制度特征的差异性，避免照搬照抄、生搬硬套的全盘拿来主义。综观近年来社区教育发展历程，社区教育对社会问题关注度还不够，与改革开放推进衔接还不紧，对意识形态领域敏感度还不足，社区教育的思想性、斗争性还远未凸显。

（二）功能发挥上的局限

1. 社区教育社会治理功能的完整性问题

现代社区教育是基层区域治理的一种重要手段，在政治、经济、社会事业发展中发挥着不可替代的作用。思想政治建设既是社区教育发挥功能作用的保障，又是社区教育功能效果的直接体现。近年来社区教育创新发展，其整体功能辐射放大，覆盖面和影响力不断扩大，服务全民终身学习的教育体系构建夯实，但不容忽视的是，还不同程度存在着重业务轻党建、重表象轻内涵、重数量轻质量的问题，思想政治建设与社区教育资源整合、优势互补的格局还未形成，思想政治建设核心功能作用还没有充分发挥，社区教育社会服务、区域治理和思想引导的主体意识、责任担当不足，社区教育的针对性、实效性还不够。

2. 社区教育服务群众的满意度问题

社区教育开放性特征，决定了社区教育直接面向社会、直接服务群众，群众满意度的高低是社区教育质量的直接反映。近年来社区教育发展中普遍存在的不充分、不平衡的表象，折射出的是群众参与度、满意度的深层问题。社区教育所面对的群众主体需求是多方面的，社区教育要聚焦主业主责，也就是要始终突出思想政治建设这条主线、思想引导这个中心、思想政治工作这个抓手来开展工作。当前社区教育对于改革开放的热点难点、辖区经济事业发展、民生多元诉求聚焦不够，对于社区教育的广大受众思想状况深入分析不够，满足于一般化、一刀切的灌输式教育，缺乏形式多样、深入细致的思想政治工作，社区教育的群众基础、社会基础还有待进一步夯实。

3. 社区教育主流文化的渗透力问题

现代社会基层社区是一个开放体，是多元文化交流碰撞的集合部，社区教育担负着培树主流文化、传播正面声音、弘扬主旋律的重要职责，这也是社区教育中加强思想政治建设的内在要求。当前社区教育对于社区文化建设是起到了积极的推动作用的，各种社区群众活动、文化活动空前繁荣，但是在结合辖区经济社会特点、居民构成实际和国家政策发展变化，打造社区文化品牌、构建社区文化教育基地、时事政治论坛熏陶方面还有欠缺，社区教育所倡导的主流文化对非主流文化的影响力、渗透力还需增强。

（三）保障机制上的缺失

1. 目标任务尚不清晰

我国社区教育的发端起源于 20 世纪 80 年代，随着改革开放的逐步深入，社区教育经过多年的发展，已经由点到面逐步成熟，社区教育的基本目标、基本功能、基本原则日渐清晰，社区教育的政治功能、经济功能、文化功能和人口功能也有明确定位，纯粹从社区教育本身的系统建设来看已经是比较完善健全了。但就思想政治建设在社区教育中的作用和影响研究还很不够，严格来讲，思想政治建设既是社区教育的基本内涵，又促进与提升社区教育整体功能发挥，对思想政治建设在社区教育中的定位、目标任务等基本原则、基本问题没有进行专门明确，社区教育中的思想政治建设尚处于潜意识、自发性阶段，缺乏目标化、指标化的量化设计，思想政治建设失之于软，带有随意性，缺乏规范性和制度化，影响社区教育的深度和广度。

2. 路径措施还需规范

社区教育具有很强的时代性和地域性，不同的发展时期、不同的区域范围，社区教育的工作内容、作用方式都有侧重和变化。思想政治建设在社区教育中带有全局性、根本性，应一以贯之，长期坚持，不能倚重倚轻、时松时紧，否则就会落入形式主义的窠臼。当前思想政治建设融入社区教育，因社区教育工作者思想认识、人员素质的不同，对思想政治建设的重视程度、工作力度也不一样，缺乏统一的基本要求、基本方法和基本制度。思想政治建设融入社区教育的路径措施顶层设计不够，统筹协调不足，导致思想政治建设在社区教育中效率不高，甚至空挡失效。

3. 评价机制亟待加强

评价机制是工作推进的重要手段，实际工作中思想政治建设融入社区教育还缺乏科学的效果评价机制，对思想政治建设在社区教育中的目标责任、管理责任深入分析不够，对思想政治建设在社区教育中的促进作用指标体系、内容范畴规划不够，没有制定统一的具体评价办法和考核制度，使得社区教育中思想政治建设责任主体不清、目标任务不明、推进力度不强。同时，社区教育本身的评价体系中，思想政治建设占比设计过低，考虑其综合性、全面性和渗透性元素过少，思想政治建设在评价体系中的激励作用没有充分发挥出来。

三、思想政治建设融入社区教育发展的路径前瞻

（一）系统化的基础建构

1. 深化理论研究

思想政治建设具有很强的时代性，不同的社会发展阶段、不同的社会发展领域，思想政治建设的工作重心、工作思路、工作举措都有调整和变化，社区教育视域下的思想政治建设如何定位，其中一个很重要的因素就是思想政治建设处在何种环境背景之下来开展，只有在对社区教育所处的时代背景进行充分把握的基础上，思想政治建设的内在必要性和紧迫性才会凸显出来。目前社区教育发展已经逐渐进入了高质量发展的阶段，如何克服社区教育初始阶段思想认识的误区，跳出功能发挥的局限性，把社区教育中思想政治建设的积极作用充分发挥出来已是当务之急，也是社区教育应有的题中之义。要把思想政治建设融入社区教育作专门的课题进行深入研究，综合分析思想政治建设的政策形势环境、城市管理改革背景、社区人文环境、社区教育受众整体思想状况和社区教育发展状况，推导出社区教育思想政治建设的理论逻辑与生成逻辑，这是思想政治建设融入社区教育的前提和基础。

2. 强化功能定位

传统的社区教育缺乏思想的深度与广度，其定位的模糊性、功能的单一性、作用的发散性是根本的症结所在。当前社区教育要充分体现思想政治建设要素主导性和指向性，就必须打破长期以来社区教育功能定位的思维定式，首先，要实现教育性与治理性的有机结合。使社区教育纳入社会治理的范畴，使社区教育就成为社会治理的一种手

段和办法，被赋予了更重要的社会责任和使命，这是社区教育“跳出教育做教育”的新高度。其次，要实现文化性与思想性的有机结合。要从社区教育重点培育社区文化的多样性、文化生活的丰富性，转向社区教育以文化人的引导性、对非主流文化的斗争性、对社会情绪的疏导性，要以前者为基础，以后者为方向，这是社区教育提质升级的新内涵。第三，要实现社会性与政治性的有机结合。从社区教育的兴起和发展来看，生产力的高速增长、社会发展水平的提高和人类自我意识的不断深化，既是推动社区教育发展的三大社会动力，也是社区教育政治功能的作用目标。前两个方面是客观层面的，是条件和外因，人类自我意识的深化是主观层面的，是关键和内因。把社区教育社会属性和政治属性高度统一、社会功能与政治功能相互融合，这是社区教育功能作用的新站位。

3. 明晰责任主体

针对当前社区教育主体呈现出多元性、交叉性和重叠性的特征，要对责任主体进一步理顺关系、健全完善，确保思想政治建设融入社区教育发展主体明确、职责明晰。要明确统筹管理责任，建立社区教育发展统一管理机制，进一步强化社区教育发展由政府主管，教育部门牵头抓总，组织部门、宣传部门、文化部门等党建工作多部门参与的大系统管理格局，对社区教育发展进行整体规划、宏观指导，形成社区教育发展政出一门、口径一致、部门协同的责任机制；要规定组织实施责任，进一步明确社区教育发展由教育部门归口，主要依托城市四级网络，即社区大学、社区学院、社区学校和社区学习中心为主体组织实施推进①，辅之以建立辖区相关部门联席协调机制，细化责任分工，形成条块结合、统筹推进的整体工作格局；要明确环节质控责

① 教育部等九部门关于进一步推进社区教育发展的意见[EB/OL].（2016-07-29）[2021-7-20].http://www.moe.gov.cn/jyb_xwfb/xw_fbh/moe_2069/xwfbh_2016n/xwfb_160729/160729_sfcl/201607/t20160729_273300.html.

任，对思想政治建设融入社区教育的方式、环节、深度进行全程质量控制。

（二）模块化的运行方式

1. 实践育人标准化

要坚持因地制宜、精准施策。社区教育既要强调全覆盖，更要与社区实际紧密结合，必须根据当地经济社会事业发展、教育受众构成等具体情况，突出工作重点，搭建工作平台，聚焦重点任务、重点群体、重点领域、薄弱环节，强化优势、补齐短板，加强分类指导、着力因材施教；要坚持核心理念、价值引领，推动知识传授、技能培养与理想信念、价值理念、道德观念教育的有机结合；要坚持遵循规律、与时俱进，准确把握社会发展大势和社区教育对象思想特点、发展需求，优化内容供给、改进工作方法、创新工作载体，激活社区教育思想政治建设内生动力。

2. 文化育人规范化

要突出政治文化氛围，要以四级网络为基本依托，以街道社区为基本平台，通过社区红色讲坛、社区教育网站、群众文艺活动、板报宣传等多种形式，把党的政治形势教育、路线方针政策教育、革命传统教育、理想信念教育深入社区各领域，使社会主义核心价值观植根社区、深入民心、引导行为；要构建区域文化特点，根据区域产业发展、本土文化积淀、社区人群结构等不同要素，打造各具特色的社区文化品牌，创新文化活动载体，繁荣社区文化，弘扬正能量，唱响主旋律；要提升社区文化品质，社区文化组成复杂多样，主流文化与非主流文化交叉，显现文化与隐现文化并存，要始终以人的全面发展、公民素质的全面提高为中心，着力心理疏导、思想引导，占领社区文化的制高点，掌握意识形态领域的主导权。

3. 服务育人常态化

社区教育要服务发展。社区教育服务育人要体现政治站位，要充分利用教育部门、教育机构的人才优势和科研优势，结合区域经济事业发展的实际，整合实践资源，拓展实践平台，依托产业集群、大学科技园、城市街道社区、工矿企业等社会实践、创业实习基地，广泛开展社会调查、生产劳动、科技发明、勤工助学等社区教育活动，为区域经济事业发展提供智力支持和人才保障。社区教育要服务民生。社区是党和政府服务民生的“最后一公里”，这是社区教育服务育人的最大实际，社区教育要紧紧围绕社会主义精神文明建设，在化解社会矛盾、促进社会和谐中，听取群众呼声，积极建言献策中发挥作用。在健康卫生、扶贫帮困、托幼养老、创业就业等群众关注的重大民生实事上，广泛开展志愿者服务、社会公益活动等社区教育活动，创新推进服务全民终身学习的教育体系的构建与完善。

（三）链条化的质控体系

1. 全程质控的理念

社区教育是为社会提供一种特殊的教育产品，这种教育产品包涵思想政治建设元素的多少，一定程度上决定了它的质量品质。思想政治建设融入社区教育必须树立全程质控的理念，要对社区教育对象、社区教育内容、社区教育手段等全过程进行质量控制。社区教育对象上，必须坚持全覆盖、全渗透。社区这个开放体系既有体制内的单位人，也有体制外的企业人、自然人，但抽象出来的共性特征是“社会人”的大集合，要突出“老有所教、少有所管、弱有所扶、成有所引”的教育指向，弥补自然人与社会人双重属性教育的缺失和空挡；社区教育内容上，要始终突出思想引领、政治引导，切实加强民主法治教育，着力提高环境保护意识，深入开展维护稳定教育和加强社区和谐人际关系教育；社区教育手段上，要坚持多元化、现代化，既要整合党建、文化、宣传多种资源，形成思想政治建设集约化、规模化效应，又要充分利用网络媒体、远程教育等信息化手段，增强社区教育的渗透性与影响力。

2. 专业质控的架构

当前从事社区教育者主要是教育主管部门、党建宣传部门、社区大学、社区培训机构和辖区街道社区工作者，既有专职工作者，也有兼职工作者，组成人员比较复杂，缺乏门槛、缺乏认证，特别是对于社区教育质量管理缺乏统一标准，思想政治建设融入社区教育的深度与广度难以保证。基于此，要建立社区教育质控体系统，由质控领导小组确定大质控定位，明确质量管理第一责任人，成立质控办直接对质控领导小组负责，确定“三级（即：市、县区、乡镇街道三级）质控”“四级网络”体系，确定质控体系组织架构，对照社区教育等级评审考核细则进行任务分解，明确各部门工作范围，签订社区教育综合目标管理责任书，出台质控员管理办法，按照年度质控活动方案，以月或季度为周期进行社区教育质量管理。

3. 终末质控的效能

思想政治建设融入社区教育发展是社区教育固有内涵，社区教育中思想政治建设功能发挥程度，是衡量社区教育成效的重要指标。要建立社区教育终末质控评价反馈机制，突出思想政治建设融入社区教育发展效能综合考核。首先要制定社区教育综合考核办法，考评工作要坚持平时考评与定期考评相结合、定性考评与定量考评相结合的原则，依据政治、经济、文化、社会、生态文明建设等“五个发展”，科学设定考核项目，特别要把思想政治建设定性指标贯穿其中，做到社区教育思想政治建设考核具体化、目标化，发挥考评导向作用，强化目标责任意识，充分调动社区教育工作者的工作积极性和主动性，推进区域经济社会事业持续健康发展。其次要建立社会评价机制，要针对社区教育思想政治建设效益的抽象性、迟滞性和不易测量性的特性，呈现评价客体的多元性、评价内容的复杂性、评价主体的协同性、评价实施的全方位和持续性的特点，开展第三方满意度调查，通过第三方满意度调查掌握思想政治建设的社会效益①。最后要实行绩效激励制度。要注重思想政治建设融入社区教育考核结果的科学运用，要与相关部门、辖区单位、相关人员的年度考核、绩效考核直接挂钩，在评先评优、绩效发放、干部使用和职称评定等方面发挥重要激励作用。

---

① 杜幼文．社区教育的社会效益评价问题[J]．现代远程教育研究，2012（6）：3—9.

第九章
基层治理与社区教育同步实施

社区教育融合发展是新时代的新课题。多措并举、统筹推进是提升基层治理现代化的必由之路。深入探索基层治理与社区教育的内在规律，把握二者的共性特征，创新思路、创新方法、创新举措，进行资源有效整合，用系统思维构建基层治理与社区教育同频共振、互动双赢的格局，这是国家治理视域下基层治理与社区教育良性运行的不二选择。基层治理与社区教育融合，要从理论层面、操作层面论证其同步实施的可能性和必要性，并对目前基层治理与社区教育融合的客观现状进行案例分析，从而充分认识：社区教育是基层治理的重要手段与不可或缺的内核要素，基层治理的特殊性和复杂性决定了社区教育的多样性和有效性。基于此，基层治理与社区教育统筹融合路径有强化系统思维的理论准备、构建统筹高效的组织架构、建立完善多元驱动的保障机制等。

社区教育一般是指社区与教育的融合与开放、互动与参与的组织形式或教育活动[①]。社区教育依托其教育和组织等行动，成为推进基层

① 厉以贤. 社区教育的理念 [J]. 教育研究，1999，20 (3)：20—24.

治理的必要手段，二者在教育目标、作用主体、参与范围、作用机制等方面体现了较强的内在关联性[①]。党的十八届三中全会提出：全面深化改革的总目标是完善和发展中国特色社会主义制度，推进国家治理体系和治理能力现代化。[②]基层治理是国家宏观治理体系的微观基础工程，其与社区教育的同步实施是完善基层治理体系、提升基层治理能力的内在要求，有其特有的规律性和逻辑归因。深入研究基层治理与社区教育融合的可行性与必要性，探索二者协同推进的实践路径，对于推进国家治理体系和治理能力现代化，具有重大而深远的理论意义和现实意义。

治理理论起源于西方，近年来在中国学界获得进一步完善，已经形成了“政府主导下多元协同”这一基本范式。党的十九届四中全会审议通过《中共中央关于坚持和完善中国特色社会主义制度、推进国家治理体系和治理能力现代化若干重大问题的决定》，开启了“中国之治”的崭新篇章，同时也为创新发展基层治理打开了全新境界。但理论界对基层治理与社区教育融合的研究还不完善、不深入、不具体，多是侧重于基层治理或者社区教育之一，在国家治理视域下把二者放在一起进行比较研究的较少。实践中，基层治理与社区教育融合发展还不充分、不平衡，当前我国社区教育融入社区治理仍存在主体缺失、能力缺失、内容缺失以及理念缺失等问题。本研究基于国家治理现代化的大环境，立足基层治理与社区教育的逻辑联系、内在关系，并借助对案例样本的剖析，从理论层面解决认知问题，从实践层面明晰融合路径，以期进一步完善基层治理和社区教育融合发展理论体系，实现“1+1>2”的融合功效，为基层治理实践者、社区教育工作者和相关

---

① 谭景哲．社区教育融入社区治理路径研究：以上海市为例 [J]. 职教通讯，2018，33（13）：59—62.

② 习近平．关于《中共中央关于全面深化改革若干重大问题的决定》的说明 [N]. 人民日报，2013-11-27.

行政管理部门构建基层治理和社区教育融合发展新格局提供参考。

一、基层治理与社区教育同步实施的可能性

（一）基层治理与社区教育要素融合

一方面，从治理的视域来分析，基层治理从来不是单方面行为，而是资源整合的集中体现，具有广泛的社会参与性。治理活动目标的一致性、统一性和一贯性，使得治理要素必须打破无序性、分散性和随机性，这是治理有效性的基本保障。治理要素多维多元，但起决定作用的是管理主体、实施主体和参与主体及治理对象等要素，治理的效率最终取决于各种主体要素的有机融合度。而现代基层治理是指治理这一活动和过程在基层的合理运用和体现，其基本要素构成遵循了治理的一般原则与普遍规律。在我国基层治理现代化的实践过程中，基层治理的管理主体主要是指上级党的地方组织、政府行政管理部门；具体实施主体包括基层党组织、政府组织和其他社会组织、社会团体；参与主体主要是社区居民和其他社会力量。基层治理主体要素既有特定的规定性，也有开放多元性，这种社会管理禀赋为社区教育主体融入基层治理主体框架拓宽了渠道。

另一方面，从社区教育的角度来看，2016 年，教育部、民政部等九部委联合印发《进一步推进社区教育发展的意见》，强调要充分发挥社区教育在弘扬社会主义核心价值观、推动社会治理体系建设、传承中华优秀传统文化、形成科学文明生活消费方式、服务人的全面发展等方面的作用。由此可见，社区教育实际上已经被纳入基层治理体系建设的范畴。当前，发挥党委政府的推动引导作用，把社区教育切实纳入区域经济社会发展总体规划，推动社区教育融入社区治理，不断丰富社区建设的内容，是社区教育发展的基本方向和总体趋势。社区教育融合发展，必须培育多元主体，推动形成党委领导、政府统筹、

教育部门主管、相关部门配合、社会积极支持、社区自主活动、市场有效介入、群众广泛参与的社区教育协同治理的体制和运行机制。社区教育的管理主体、实施主体和参与主体构成在凸显教育专门性的同时，又兼具治理的协同性。把基层治理和社区教育主体要素放在一起比较分析，其基本构成具有很大程度的相似性、同一性和交叉性，二者有机整合既有必要性，也有可行性。

（二）基层治理与社区教育开放协同

理论层面上，基层治理，是指主要在农村乡镇、村和城市街道、社区层面，各类社会主体共同开展，服务基层大众、协调基层社会关系、化解基层社会矛盾、维护基层社会稳定的制度及其运作实践的总称。基层治理着重在开放体系下推进基层治理现代化，是包括经济、社会、行政和理念等全方位的转型重塑。党的十九届四中全会提出，必须加强和创新社会治理，完善党委领导、政府负责、民主协商、社会协同、公众参与、法治保障、科技支撑的社会治理体系，构建基层社会治理新格局①。而社区教育与学校教育最大的差别在于其强烈的公共事务特性和鲜明的基层社会治理属性②。这就为社区教育与基层治理同频共振提供了政策支持与理论支点。基层治理范畴下的社区教育，可以在管理体制和社会参与、目标导向和需求导向、制度设计与激励驱动、服务方式与手段创新等多个层面，实现基层治理和社区教育的资源整合、效率提升。实践层面上，社区教育是构建服务全民终身学习的教育体系和建设学习型社会的重要载体，是运用本社区政治、教育、文化等资源，面向本社区全体公民、以促进本社区人的发展与社

---

① 习近平．关于《中共中央关于坚持和完善中国特色社会主义制度推进国家治理体系和治理能力现代化若干重大问题的决定》的说明 [N]. 人民日报，2019-11-6.

② 刘华锦，叶正茂，钟南聪等．新市民参与社区教育治理的现状与分析：以成都市龙泉驿区为例 [J]. 教育与教学研究，2021（7）：92—102.

区发展为目标的各类教育活动①，具有主体集约化、对象全覆盖和手段多元性的特征。这种教育开放性特征与基层治理现代化天然相融、浑然一体。协同治理模式也实现了政府在治理过程中的角色转变②，更凸显其作为服务者实现多元治理的能力。

（三）基层治理与社区教育优势互补

习近平总书记指出，基层是一切工作的落脚点，社会治理的重心必须落实到城乡、社区。中共十九届五中全会强调，要加强城乡社区治理和服务体系建设。社区治理体系是一个社会系统工程，社区教育在其中居于举足轻重的地位。基层治理与社区教育的根本出发点、落脚点是一致的，都是加强区域治理现代化，只是基层治理是全面统筹推进，而社区教育是发挥其教育属性和社会属性，从教育专业层面侧重推进。从广义的逻辑概念上分析，二者有包含与被包含的关系，在基层治理范畴中，社区教育是基层治理的组成部分之一，也是基层治理重要手段和具体措施，二者具有内容、功能、对象上的高度契合性。社区教育所倡导和致力完成的社区居民素质全面提升和社区的可持续发展总目标，是基层治理目标体系的基础指标，其推动居民再社会化、提高组织化程度、促进社会融合、缓解社区矛盾、加强社会管理等方面的功能作用，能够有效提升基层治理的效率与质量。社区教育具有公众性、参与性与综合性，是实现社区治理的良好载体，也是一个各类公共资源整合的平台。社区教育作为一种"软性公共品"，可以提供更多的公共服务内容③，能有效推进基层治理的目标实现。当前，社区

① 李守新．地方电大开展社区教育的思考[J].河北广播电视大学学报，2013（3）：46—48.

② 王林艳，喻辰捷．协同治理视域下社区教育治理的运行机制构建[J].中国成人教育，2019（15）：68—71.

③ 王燕枝，王韵睿．社区教育融入深度社区治理：精准供给机制的探索[J].成人教育，2020（2）：33—37.

教育总体供给不足已成为推进基层治理的关键短板，须着力加强社区教育，夯实新时代基层治理基础。社区是居民的共同家园，共同价值观的塑造不仅是社区居民的“凝结剂”，也是打造社区文化建设的根基。而社区教育是塑造社区共同价值观的重要途径。借力社区教育，可以增强社区居民的主人翁意识、提升社区居民对社区规则的认同感与遵从感，增加社区居民的向心力，从而为社区治理奠定良好的价值基础。同时，社区居民是基层治理的主体，其文明素养是实现社区有效治理的重要条件。社区教育是提升社区居民文明素养的关键一环，只有加强社区教育，才能从思想政治品德、法律法规、科学文化知识、审美情趣、心理素质、人际关系、环保意识等方面提升社区居民的文明素养，从而为基层治理奠定良好的主体基础①。

二、当前基层治理与社区教育融合互动的成效与不足

（一）社区教育融入基层治理成效显著

自党的十八届三中全会提出从管理到治理的社会变革构想以来，社区教育发育较好的一些发达城市已先行一步开展了相关的探索实践，如北京、上海、杭州、宁波、西安等。大量典型案例表明，在基层治理现代化的推进中，社区教育功能已悄然发生变化，在服务市民终身学习需求、提升市民素质这一教育功能基础上，促进社区文化建设、环境建设和社区和谐等社会管理功能进一步得到发挥②，社区教育的内涵不断拓展，其社会管理职能不断加强。主要成效有三个方面。

一是布局架构形成了叠加和融合。综观我国社区教育的发展历程，很多地方的社区教育已经从探索萌芽期成长到了深化发展期，正在向

① 朱潇俏．强化社区教育推进新时代社区治理 [N]. 新湖南，2020-11-26.

② 黄健．社区教育：在基层社区治理中拓展新功能：基于上海案例的思考 [J]. 高等继续教育学报，2015（5）：1—8.

现代成熟期迈进，社区教育基本网络格局已经逐步形成。从市州一级看，“市级社区大学、县（市）区社区学院、街道（乡镇）社区学校、社区（村）学习中心”四级纵向布局已经完成，基本上做到了有机构、有职责、有人员，社区教育覆盖面在不断提高。而与之相适应的是，随着我国城市管理体制改革的进一步深化，城市管理职能下沉，街道社区一级基层治理任务逐步加重。面对“上面千条线、下面一根针”的局面，街道社区作为基层治理的最基本的细胞体，为保证管理的系统性、全面性和基层服务的深入性，“网格化社区管理”应运而生，社区网格化管理依托统一的城市管理以及数字化的平台，将城市管理辖区按照一定的标准划分成为单元网格，通过加强对单元网格的部件和事件巡查，建立一种监督和处置互相分离的形式。其主要优势是政府能够主动发现、及时处理问题，加强政府对城市的管理能力和处理速度，提升管理效能。比较而言，社区教育的四级网络和社区网格化管理，布局上有很大的重合叠加成分，也有渗透融合的态势。

二是教育服务功能的有效延伸。社区教育独特的社会化与开放性，已经无形中把整个区域或者说把面对的辖区当作是“一所没有围墙的大学”，辖区之内无论体制内还是体制外的各种社会主体，也无论是个体存在还是社会组织存在，都毫无例外纳入了其教育服务的范畴，这也是我国教育公平的体现。而教育的禀赋是在管理的基础上进行的，从这个角度分析，社区教育功能的充分发挥，其基础和前提是管理好自己所教育服务的对象。社区教育已经使其教育属性和社会属性高度融合，其社会属性的彰显是社区教育管理功能的完善与丰富。在这种社区教育理念的支持下，社区教育在社会实践中与基层治理的对接越发主动而自然，比如，北京、上海、杭州等城市，社区教育为促进就业与推动区域经济发展作出很大贡献，开展技能培训、帮助失业者就业致富、推进社区经济发展正成为社区学校的重要功能。宁波、西安等城市，社区学校成为政府与百姓对话与化解矛盾的平台，社区学校正以超越一般学习场所的功能，成为培育市民自主参与的意识、能力的场所，政府与居民对话社情民意的交流平台。

三是社区教育与基层治理的措施机制形成良性互动。考察社区教育融入基层治理的实践，可以发现，随着基层治理体系的不断完善和治理能力的不断提升，社区教育与基层治理互动的深度和广度在不断加强，社区教育内容体系在丰富拓展，除知识类、技能类、娱乐类等公民素质教育外，改善社区生活环境、促进社区发展、关心社区公共事务以及提升社区居民生活品质也是重要内容，从而将社区教育与社区发展、社区治理融为一体；社区教育推进方式手段在改进优化，社区教育的开放性、社会性特征逐步激活，社区教育与区域党建、文化建设、综治维稳等基层治理的核心元素正在资源整合。比如，有些地方，社区教育在引导学习团队发挥正能量、反哺社会、服务社会方面取得了显著突破，在大力提升居民组织化程度和社区服务能力方面正发挥着难以替代的重要基础作用。有些地方，社区教育在践行社会主义核心价值观与促进社区文化建设中发挥实效。有些地方，社区教育成为整合社会力量参与社区治理的有力抓手，在整合社区资源、促进社区治理方面可以发挥枢纽般的重要作用。

（二）社区教育融入基层治理存在诸多不足

当前社区教育融入基层治理的探索实践仍不充分，发展也不平衡。现有实践成果仅折射出了社区治理的一些新理念、新内涵，反映了社区教育的一些新变化、新举措。当前我们还没有从根本上形成基层治理和社区教育融合发展的常态化体制机制，经验做法系统性、完整性还不够，地方个性化明显，碎片化特征突出，个体优势还没有转化为整体优势，以点带面的放大效应尚未形成，其主要表现为：

一是有序性中隐含着混沌性。基层治理是基层管理的现代化，也是基层管理模式从粗放型向集约型的整体跃进，这就决定了基层治理是剥离了基层管理中无序、短视、单边等负元素的有序推进，是整合了基层体制内和体制外各种积极元素的系统集成。在基层治理趋于良性发展的状态下，社区教育作为基层治理的重要组成部分，日益深入成为基层治理现代化的直接体现，基层治理与社区教育契合度不断提高，这是基层治理有序推进的必然结果。但从客观实际看，基层治理作为一种新生事物，在利用辖区各种组织、采取各种手段、整合各个平台方面思路还不够清晰，基层治理与社区教育融合度不高，基层治理没有充分发挥出社区教育的应有作用，呈现出社区教育治理主体、治理理念、治理内容、治理功能缺失的混沌状态。治理主体上，参与社区教育的主体单一，绝大部分的社区教育活动是由街道社区组织开展，社会组织、教育机构、辖区单位等相对缺位，多元主体共同为居民提供多样化教育产品和教育服务的治理格局远未形成；治理理念上，社区教育纳入国家治理体系时间不长，其在融入基层治理一事上缺乏自觉性和使命感，同时社会对社区教育在基层治理中的作用和意义认知程度较低；治理功能上，社区教育在基层治理中的功能定位不明确，社区教育被视为社区文化，以趣味学习、文体娱乐、技能培训、游学实践等为主要形式[①]，较为单一同质，缺乏与社区公共事务的衔接，没能真正做到与社区生活、社区事务、社区发展接轨，弱化了其功能意义。

二是习惯性掩盖了矛盾性。我国基层治理是从长期基层管理中脱胎而来，是政府行政主导的重要社会管理行为，已经形成了固定思维、固有模式、特有手段和措施，主要是一种垂直的、自上而下的单一管理格局。近年来，随着改革开放的深入，城市管理的职能不断下沉，特别是区域治理理念的逐步形成，强化了街道社区基层治理的责任和职能，各种社会组织参与基层管理的途径和方式在不断拓展，但基层

① 李晓婷，窦瑞娜．以社区教育优化社区治理 [J]. 人民论坛，2019（18）：78—79.

管理的封闭性、单一性格局仍未打破。我国社区教育既是教育体制改革的产物，也是适应城市管理体制改革教育服务的重大举措，是教育的教育属性与社会属性紧密结合的最好彰显。改革开放以来，社区教育经历从初步发育、积累成长到逐步成熟，社区教育网络布局基本形成，服务全民学习的终身教育体系正在全面构建，为城市经济事业发展、推进学习型社会建设发挥着积极作用。但从社区教育纳入完善国家治理体系和治理能力现代化的时代要求上来看，目前，基层治理与社区教育协同推进、融合互动还很有限，二者的管理体制、运行方式、推进措施仍是各为系统、两线运行，基层治理还没有真正把社区教育提升到社会管理的范畴。

三是自为性导致了失调性。社区教育融入基层治理是国家治理体系和治理能力现代化的战略部署，也是构建基层治理共同体的必然要求，但总的看，顶层设计的战略性变成了基层落实的自发性，社区教育融入基层治理缺乏制度保障和理论指导，其主要原因有二：一方面理论研究不够。基层治理和社区教育都是改革开放后的新事物，理论界专注并停留于基层治理和社区教育本身规律性和实用性的研究，而对于社区教育融入基层治理课题的前沿性、重要性缺乏必要的敏感性和紧迫感。真正深入研究社区教育在基层治理中的功能定位进而研究基层治理与社区教育协同推进的实践课题或者理论研究论文为数不多、乏善可陈。即使党的十八届三中全会明确把构建服务全民学习的终身教育体系纳入了国家治理层面，这一重大现实问题的同步理论研究也没有摆上应有位置，致使社区教育作为基层治理的重要助力，在理论层面和认识层面还远远没有跟上形势任务的需要。另一方面政策跟进不力。社区教育融入基层治理是一种制度安排，需要有政策的配套支持。经过 40 年的改革开放的基层管理实践，基层治理的环境、对象、任务都在发生深刻的变化，完善基层治理体系、提升基层治理能力已是迫在眉睫，社区教育融入基层治理就是在这样的时代背景下催生发展。深入考察改革开放以来基层治理的实践情况，共性问题是伴随着社会管理模式的转型，政府的管理职能逐渐下沉，街道社区承担了越来越多的管理职能，社区原有的解决各类社会问题的手段、资源等日益捉襟见肘。实现体制机制及时转型，最大程度上调动各种社会力量，引导和发挥好社区群众的主观能动性，对于形成健康的社区治理体系至关重要。目前，社区教育融入基层治理还没有具体的配套政策措施，基层治理的主体如何统筹协调、社区教育如何围绕基层治理来开展缺乏顶层设计，社区教育还游离于基层治理之外。基层治理和社区教育要求上的一体化，在实际中还是“两张皮”，其整体合力没有充分发挥出来。

三、基层治理与社区教育融合路径

（一）不断强化系统思维的理论准备

一是要深入溯源研究。党的十八届三中全会以决议的形式，就国家治理体系和治理能力现代化作了战略部署。这一宏观决策需要微观措施的强力支持，基层治理现代化正是在这一时代背景的产物，只有基层治理体系和治理能力现代化，才会有国家治理的现代化。理论界应根据形势任务的发展变化，把基层治理的内容、目标和推进方式等问题作为重大现实课题进行深入研究，特别是要对基层治理体系完善和治理能力提升的各种要素进行比较分析，甄别出正向要素和消极要素、主要矛盾和次要矛盾，使基层治理现代化课题研究系统化、深入化和全面化。在此基础上，要重点研究在以往的基层管理中发挥了积极作用的社区教育，在新的历史条件下准确定位其主要功能职责，规划出社区教育与基层治理协同推进的路线图，厘清社区教育融入基层治理的必然性、必要性和紧迫性，消除模糊思想认识。

二是要充分试点论证。理论上的设想需要实践来检验，尽管目前已有人进行了社区教育融入基层治理的一些尝试，也有地方基层在治理中借助了社区教育资源，放大了社区教育基层治理的功能作用，但社区教育融入基层治理更多是处于一种自发状态，而且主要在少数发达城市进行，试点带有很大的地方性特征，其实施方式、推进措施缺乏规范性、普遍性和可操作性。鉴于前期探索实践的客观现状，宏观上，要科学制定总的试点指导意见，整体布局、统筹推进，根据各地经济、社会发展不同状态、基层治理的难易情况、社区教育发展程度，选取社区教育融入基层治理试点样本城市，认真组织、精心指导，确保试点工作有计划、有步骤，分门别类、有序进行。微观上，要坚持问题导向，聚焦问题、有的放矢，“以痛点为起点”，直面社区居民的主导性需求，直面队伍不齐、内容陈旧、形式单一、资源短缺等“瓶颈”，着力在加强专业化、标准化、规范化建设上下功夫，确保试点经验的针对性和有效性。

三是要注重成果转化。对以往在社区教育与基层治理协同推进实践中证明行之有效的做法，对试点工作当中的经验启示，对课题研究中的探索成果，要及时进行巩固提升，形成普遍性、规律性的长效机制。成果转化要强调前瞻性和指导性：其一，必须转化为系统思维的养成。社区教育之所以能在基层治理中占有一席之地，就是因为社区教育和基层治理都打破了条块分割、封闭运行的格局，互通互动，进行了资源的有效整合，从而使得基层治理体系更加完善、功能作用更加完备；社区教育也在与基层治理同频共振中，因为提供了更加丰富的学习产品、文化服务和满足了更多的社会需求而功能衍生、职责叠加，进一步彰显了自身的价值作用。其二，必须转化为舆论氛围的导向。基层治理与社区教育协同推进的探索，导向是政府的公共管理职能下沉分解，变为由社会组织和其他部门共同承担，其属于基层政权建设范畴的重大尝试和改革试水，合理性、合规性和合法性都需要正面宣传和大力倡导，以已取得的基层治理实际成效为例营造社区教育融入基层治理的强大舆论氛围。其三，必须转化为政策出台的动力。社区教育在社会价值观重塑、社会关系重构和社会秩序重建中发挥了积极作用，这为基层治理体系的完善和能力提升提供了新思维[①]，也为国家层面在宏观治理的基础上出台基层治理相关配套政策提供了现实依据，从而实现基层治理与社区教育融合的制度化、规范化和常态化。

（二）着力构建统筹高效的组织架构

一是组织机构重组。要构建社区教育与基层治理协同推进的统一领导机构、协调机构和管理机构，充分发挥党组织尤其是基层党支部在社会治理中的核心地位，通过政府主导实现部门分工合作，做到动态管理和协调高效[②]。目前，社区教育和基层治理各成体系，呈纵向垂直管理格局，二者之间缺乏沟通机制、管控机制和协调机制；基层治理和社区教育主体各有不同，政府组织、社会组织、教育机构、驻区单位、社区居委会和社区居民等主体之间存在共性重叠问题。这些众多的主体中谁是主动组织者、谁是被动组织者，谁是牵头者、谁是参与者，在社区教育和基层治理中要予以明确，这样才能使社区教育和基层治理达到目标一致、协同互补、高效有序。要由政府牵头成立区域性基层治理领导小组，明确把社区教育主管部门和实施机构纳入其中进行基层治理的统一布局；社区教育相关部门根据基层治理的任务要求，在领导小组的归口管理下开展工作，使社区教育融入基层治理在管理格局上清晰有序。

二是职责功能重构。一方面，要对整个区域基层治理的职责功能进行进一步分解细化，按照各个主体的不同性质、不同特点制定任务目标，合理整合资源，确保基层治理的覆盖面不留空当、不留死角，

---

① 程仙平．社区教育融入社区治理的机理与策略 [J]. 河北师范大学学报（教育科学版），201719（3）：67—71.

② 周延军．社区教育深度融入社区治理的路径探析 [J]. 人民论坛，2020（24）：92—93.

保证基层治理的充分性和平衡性。另一方面，要根据基层治理的需要，对社区教育的职责功能重新定位。这种定位从理念取向上是要强化社区教育的社会管理责任，使其成为基层治理的重要参与者和实施者，达成实施教育行为结出加强社会管理的效果；从职责内容上是要把和谐社会建设、学习型社会建设和主流意识形态建设作为主线，专注于社会价值、社会关系和社会秩序的正向构建，实现社区教育由单纯育人到育人和管理的结合，实现教育管理到社会管理的赋能；从作用方式上，要专注于教育领域到社会领域的拓展延伸，借势党的建设、文化建设和社区服务载体平台，融合推进。

三是专业队伍重塑。推进基层治理现代化关键在人，要随着基层治理职能的增加，充实好街道社区执行层面的基本力量，根据职责大小、工作难易和辖区人口、面积等不同情况，做到事权与人力的合理配备，改变以往政府管理职能下沉但基层人员严重不足、工作难以开展的局面；要把社区教育的队伍力量纳入基层治理的范畴，统一管理、统一指挥、统一调度，构建基层治理步调一致、协同推进的人才支撑；要充分认识到基层治理现代化的复杂性和艰巨性，把基层工作者能力素质建设摆上重要位置，在选优配强的基础上，根据社区教育融入基层治理形势新任务，着力加强社区教育工作者的政治修养和专业素养培树，使社区教育者完成从教育者到社会工作者的身份转变、职责转变和能力匹配。

（三）建立完善多元驱动的保障机制

一是跟踪调度制度化。社区教育融入基层治理，第一要在统筹协调机构的统一部署安排下，制定年度或者中长期目标任务，对社区教育融入基层治理情况定期不定期地进行专项督查，对基层治理主体履职情况、社区教育开展情况、基层治理和社区教育协同推进情况，有计划有重点地调度协调，保证社区教育融入基层治理工作的正常开展、有序实施。第二要建立联席会议制度，每季度召开基层治理联席会议，研究、部署、指导辖区各基层治理主体工作，突出街道社区党组织与社区教育主体的联系，确保党建引领作用充分发挥出来。第三要建立联系指导制度，驻辖区单位、社会组织定期联系社区教育机构和街道社区，开展社区教育、基层治理调研指导工作，强化各社会力量参与意识和主体意识，发挥社区教育在基层社会治理中的功能作用。

二是综合考评科学化。主要是建立社区教育融入基层治理综合考评机制。考评内容上，要明确把社区教育纳入基层治理的范畴，基层治理的考评体系和指标项目设计要准确评估社区教育的占比，体现考评体系的完整性和合理性，强化综合考评对社区教育融入基层治理的引导力和驱动力。考评对象上，要实行分类层级考评，把社区教育融入基层治理的行为主体加以区分：基层治理主体是主动行为，属于第一层级对象；社区教育主体是参与行为，属于次一级层级对象。二者的定位不同，由此在社区教育融入基层治理中所负的责任也有大小之分，要根据行为的主动性、参与度科学合理设置不同分值。考评的行为上，既要由基层治理和社区教育统筹上级领导部门全面考评，又要注意区域一线的自我评估，还要引入社会第三方评价机制，充分听取辖区居民的意见，体现社区基层组织的自治权、辖区居民的参与权，实现考评行为实施的上下结合、内外协同。

三是目标激励常态化。要重视社区教育融入基层治理情况、基层治理与社区教育协同推进目标考核结果；要注重考评成果运用，充分发挥其正向激励作用。政府对辖区单位的绩效等次认定，要看社区教育功能发挥是否充分；任用辖区干部时要深入考察其在基层治理统筹协调工作中的能力和效果；在辖区单位评先评优时，要看相关人员参与基层治理和社区教育的广度与深度，使综合考评结果与年度绩效考核、干部提拔任用、单位评先评优直接挂钩，确保基层治理和社区教育的组织者和参与者责、权、利的统一，保证社区教育融入基层治理发展的平衡性和充分性。

基层治理现代化是一项长期的、艰巨的系统工程，必须与时俱进、创新思维、更新观念。新时代社区教育纳入基层治理范畴，迫切要求社区教育拓宽思路视野，进行资源整合，夯实实践载体，提升功能作用，为基层治理提供充足的教育公共服务产品。本研究在深入分析基层治理和社区教育各自基本规律、基本特征及基本需求的基础上，从二者主体要素、开放协同、功能互补等方面，论证了基层治理和社区教育融合发展的可能性，为社区教育融入基层治理作了理论探究；对当前基层治理与社区教育融合的客观现状做了比较全面的剖析，用成功的案例进一步证明了社区教育融入基层治理不仅可能，而且具有可行性、实践性。研究中也发现了融合发展需要着力解决的主要矛盾和矛盾的主要方面，有针对性地提出了基层治理与社区教育融合发展的初步构想，明晰了实现融合的基本方法。客观地说，这些研究还仅是基于一些局部的、浅层次的探索实践得出的结论，研究中提出的构想也只是对现实中的一些做法和经验进行了初步的理论总结，对基层治理和社区教育融合发展中存在的问题只是进行了系统加工和理论提升，只是建设性的、方向性的，绝非药到病除的“灵丹妙药”，还不足以完全解决社区教育发展不充分、不平衡的问题。著者相信，基层治理打破以往封闭思维、单向运行格局的重大实践尝试和理论创新，可以给基层治理视域下的社区教育如何完善功能、如何资源整合、如何创新方法提供方案选择和思路启发。

第四部分

实践与案例篇

本篇包含二章，主要是探讨社区思想教育从理论到实践的成功案例。一个是从市州一级层面，主要是总结近年来湖南省株洲市以思想教育为主线，用系统思维推进社区教育的经验做法；另一个是从县区一级层面，介绍株洲市芦淞区“家文化”建设项目争创全国社区教育终身学习品牌的经验做法。这两个案例，分别从宏观和微观视域一定程度上反映了当前社区思想教育的实际推进情况，其过程和做法中始终紧扣思想教育主线，突出思想教育主题，具有鲜明的典型性和一定的代表性，可以为新时代社区思想教育的发展提供启发和借鉴。

第十章
用系统思维推进新时代社区思想教育

湖南省株洲市是新中国成立后首批重点建设的八个工业城市之一，是中国老工业基地，是中国重要的铁路枢纽城市。京广线、浙赣线和湘黔线在株洲交会。株洲是长株潭城市群三大核心之一，是长株潭两型社会建设综合配套改革试验区的重要一极。株洲市现辖四县（市）、六区（含株洲经开区），总面积11262平方公里，常住人口400余万人，其中株洲市城区173万，城镇化率71.3%，户籍化率49.3%，共有600多个社区。

近年来，株洲市与时俱进，紧紧围绕思想教育主线，用系统思维积极开展社区教育，创新思路、创新措施，统筹推进、融合发展，努力推进学习型社会建设。株洲社区大学被确定为国家开放大学“社区教育实验基地”，株洲市连续八年荣获全国“全民终身学习活动周优秀组织城市”称号。

一、统筹思维科学布局

一是理顺管理体制。2010年，株洲市政府批准依托株洲广播电视大学成立株洲社区大学和株洲市终身教育服务指导中心，株洲广播电视大学、株洲社区大学和株洲市终身教育服务指导中心三块牌子一套人马，合署办公，履行组织、指导、协调和服务全市终身教育、社区教育的工作职责。由此推动形成株洲“党委领导、政府统筹、教育部门主管、社区大学归口组织实施、相关部门配合支持、其他社会力量广泛参与”的社区教育协同治理体制和运行机制。

二是谋定发展思路。株洲市社区教育始终坚持强基础、出特色、创品牌，推进学习型社会建设。2019 年，党的十九届四中全会作出构建服务终身学习教育体系的新部署后，株洲社区大学进一步主动承担终身教育公共服务职能，根据新形势新任务新要求，研究构建株洲终身教育、社区教育发展新格局，围绕“丰富内涵、创建品牌”，规划提出：创建城市六区“六朵金花”、四县（市）“一县（市）一品”的社区教育“十全十美”总蓝图；围绕“打牢基础、创新方法”，确定了“夯实基础工作、抓住重点工作、探索创新工作”的总路径；围绕“准确站位、落实责任”，明确了“主要领导重视抓、主管领导亲自抓、其他领导配合抓、社教专干具体抓”的总要求。

三是构建网络格局。株洲市努力构建终身教育、社区教育网络，目前，全市已经建成 1 所社区大学、10 所社区学院，90 所社区学校、557 个社区学习中心，“社区大学—社区学院—社区学校—社区学习中心”的社区教育“四级网络”基本构建，做到全市社区教育网络阵地挂牌全覆盖，打造市民十五分钟学习圈。同时建好“株洲终身教育学习网”，全面推广注册，引导在线学习，形成“人人可学、时时可学、处处可学”的社区教育立体网络。

二、立体思维示范推进

株洲市根据社区教育的主要特点、主要内容，分层次、分类型、分项目，标准化、规范化、模式化集中打造样板工程，构建“四级网络、三级示范、以点带面”的工作推进格局。

（一）市级层面着力打造精品项目

——做强做大老年大学，推进社区老年教育遍地开花。以株洲老干部大学扩建成株洲市老年大学为契机，不断提升社区老年教育工作水平。近年来，株洲老年大学在原来株洲老干部大学的基础上，投资1.1亿，搬入1万多平方米的夕阳红文化艺术活动中心新校区，开设书法、绘画、诗词、太极拳等20余门课程，高规格建成线上线下结合、活动内容丰富的老年教育机构，并辐射扩大到面向社会、面向全体老年人的教育格局。目前全市已建成市级老年大学1所，县区级10所，街道社区25所。株洲市老年大学被评为“全国先进老年大学”“湖南省老年大学示范校”。

——做实做好“道德讲堂”和“红色讲堂”，推进公民素质教育落地生根。株洲市专门成立全市道德讲堂建设工作领导小组，将“道德讲堂”建设情况纳入各单位文明创建和绩效考核范畴。株洲市文明委每年都命名表彰一批“优秀道德讲堂”“优秀宣讲员”，评选一批道德讲堂建设工作先进集体。株洲市每年开展道德讲堂活动100余场，还有150多家单位自主固定开展道德讲堂，每家单位每年举行主题活动不少于10次，参与活动市民超过50万人次，形成了以“小讲堂”落实“大教育”、市民素质与城市文明共同进步的良好格局。为使“红色教育”经常化、常态化，株洲市从2016年起开办“红色讲堂”，以党性素养、家国情怀为主题，在市直机关单位建立示范型讲堂，在基层建立流动型讲堂。从全市各行各业、各个层面遴选优质师资，征集精品课程，建成“师资共享库”和“精品课程库”。通过全方位精心打造，把红色讲堂建成株洲党员、市民经常性教育的一个重要载体和特色抓手，实现优质资源向各级党组织和党员有效延伸，并辐射全社会，影响教育社会全体成员的目标。

——提质做优群众文化阵地，推进社区文化教育丰富多彩。近年来，围绕株洲市委“幸福株洲”的大布局，株洲市文化馆投入1500多万元，改造升级馆舍，完善功能设施，建成“全省三个第一”的现代化融合服务平台，即全省第一个“以总分馆体系为基础”、全省第一个“全面对接国家公共文化资源总库”、全省第一个“全面对接全国文化馆联盟”的公共文化服务云平台，成了株洲市社区文化教育的重要抓手和实施载体，有效提升社区教育公共文化服务能力，打通公共文化服务“最后一公里”。市民大讲堂、公益文化课、文化进社区等每天都有10到50场活动在市馆与县市区的分馆举行，并逐渐延伸到街道文化站，活动开展如火如荼。

（二）县区层面精心创建示范区

——芦淞区是株洲市的发祥地，地理位置优越，现为株洲市经济、文化、交通、商贸中心，也是株洲市的重要“窗口”和“门户”。2011年，芦淞区率先成立了芦淞社区学院，是全市第一所独立设置的社区学院，建成以社区学院为龙头，街道社区学校为主体、居委学习点为基础的覆盖全区的三级社区教育网络，并且更新完善了设施设备，夯实了社区教育发展的硬件基础。目前，该社区学院有20余间功能用房，可供400余名学员同时进行培训。社区教育专项经费从人均1元提升为2元，还组建了由107名兼职教师、204位志愿者组成的服务队伍。现有全国社区教育特色项目2项，全国社区教育特色学校1所。成功立项2个省级研究课题，完成了5个国家级项目实验。是全市最早的“全国社区教育实验区”，2019年被评为湖南省优秀社区学院，2020年被评为省级示范性老年教育体验基地。

——醴陵市是“中国陶瓷历史文化名城”和“中国花炮之都”，综合实力居湖南省县域前四强，是中国工业百强县。根据该市自身特点，醴陵社区学院设在该市的陶瓷烟花职业技术学校，将醴陵市传统的陶瓷烟花产业文化与社区教育融合，积极传播特色文化和传统文化。2011 年以来，逐步形成以社区学院为龙头，23 个镇（街道）社区学校和 47 所社区学习中心组成的三级社区教育网络，在工作中不断创新，开展“送教下乡”“送教下社区”等免费教育培训活动，开设了种养技术、保健养生、文明礼仪、陶瓷工艺等 6 大类的培训班，举办讲座上千场次。该市各单位、各街道社区、各学校、各民间团体都有自己的特色项目，其中以陶瓷烟花学校的陶瓷制作、仙乐山街道社区学校的传统舞龙、醴陵市妇联的太极表演最为突出。目前醴陵市已成功获评“全国社区教育实验区”和省级示范性“老年教育体验基地”，是两届湖南省“全民终身学习和社区教育活动周”启动仪式的具体承办地。

（三）街道层面重点培育样板点

在街道乡镇，选取一批基础好的社区学校和社区学习中心作为样板，先行先试，打造各具特色、主题鲜明的社区文化品牌，并以点带面，逐步推开。如石峰区是株洲市的老工业区，所辖社区大多数是厂居型社区，作为其中的代表，井墈社区依托原株洲化工厂而生，率先建设井墈社区博物馆，分为株化博物馆和党群活动服务中心两部分，把党建文化、清水塘工业文化和区域发展深度融合，展示了株洲化工厂从无到有进而崛起的历史，其经验在整个街道乃至全区推广；天元区嵩山街道小湖塘社区以“红色引领·幸福社区”为理念创建了小湖塘社区学苑，定期开展各类志愿服务活动，为弱势群体排忧解难，扶贫帮困，奉献爱心，满足了居民多方面的需求，该模式也迅速在全街道推广；芦淞区董家塅街道社区学校针对不同人群的需求，开展各类教育培训服务，打造了社区少年宫、“新立之梦”、未成年人活动中心三大学习品牌，社区教育居民参与率达 40% 以上。

三、联动思维融合发展

一是与区域党建融合。注重社区教育与区域党建的融合，以区域党建为抓手，把党的干部教育、党员教育与社区教育有机结合，提升了社区教育的有效性和针对性。株洲市持续开展“在职党员进社区”活动，要求在职党员到所在社区党支部登记报到，利用自身专长，服务社区群众，成为社区教育的一支重要力量。2021年开展的“动力党建·活力家园”建设活动中，市区共筹措资金4500万，全面推进小区党群活动中心（站点）建设，原则上每个小区都有一个，主城区已建成1050个，成为社区教育与社区党建有效融合的新平台与新载体。

二是与基层治理融合。有效进行社区基层治理离不开社区教育的深度参与和功能发挥，株洲市积极探索、主动作为，使社区教育成为社区基层治理的重要手段和重要内容。2021年开始，依托株洲市首届“幸福邻里节”活动，围绕“邻里学”“邻里乐”“邻里亲”“邻里帮”，因地制宜开展政策宣传、文艺表演、趣味体育等健康有趣、积极向上的活动，引导居民走出家门、积极参与，密切邻里关系、促进邻里和谐，探索与人民美好生活需要相适应的基层治理新路径。株洲市社区大学还紧扣城市管理现代化目标，主动对接市城管局，成立全省首家城市垃圾分类培训学院，利用线上线下资源，面向各个社区，开展城市垃圾分类培训，提升社区居民自我管理的素质和能力，构建“共建、共治、共享”的基层治理新格局。

三是与社会资源融合。2017年，株洲市相继出台了《株洲市中小学教师、职成教学校教师进社区的意见》《关于组织教育培训机构和职业技能培训机构开展“公益培训进社区”活动的通知》，充分发挥中小学、职业教育和各社团机构作用，充实丰富社区教育力量。株洲社区大学联合市各职业院校，精准对接社区需求，在城区设立10所职业教育社区学院，积极开展“菜单式”教育培训与便民活动，提升居民生活品质，增强群众的获得感和幸福感；倡导组建社区教育志愿者队伍，广泛参与社区教育活动，今年10月向社会招募志愿者，组织开展了“老年人运用智能技术”百课进社区活动，向城市六区送课120场次，培训中老年居民4500余人次。株洲社区大学还与市司法局、文明办、团委、妇联、红十字会等机关和社会团体深度合作，拓宽了社区教育主体来源，实现了社区教育多元化开门办学。

四、重点思维思想引领

一是抓社区文化精神教育。注重培育社区共同体文化，积极引导社区根据自身特点，形成各具特色的社区文化精神、社区文化观念、社区文化行为，以社区独特的区域文化精神感染人、熏陶人、教化人。如芦淞区以“家文化”为切入点，倾力打造幸福芦淞，“幸福芦淞·家文化”建设项目，获得全国社区教育终身学习品牌项目荣誉；天元区泰山路街道文家冲社区充分利用社区公共空间，建成了一条80余米的社区文化长廊，使居民在潜移默化中受到教育，进一步激发居民热爱美好家园、共建文明家园的积极性。

二是抓道德法制教育。充分发挥社区教育道德法制建设的重要作用，以社区民事调解、化解邻里矛盾为抓手，积极教育引导居民形成正确的社会公德、职业道德、家庭美德，提升市民素质，促进社区和谐；以国家法律基本知识的普及和关乎老百姓切身利益的重要法律的颁布实施为重点，采取灵活多样的方式，集中开展宣传教育活动，如《民法典》实施普及宣讲，“宪法宣传周”的常态化持续推动，不断增强社区居民法律意识，做到知法、懂法、守法；以身边的好人好事为典型，不断提升居民道德法制素养，构建尊法、崇德、向善的社区氛围。天元区依托株洲市民政局，联合誉翔律师事务所，在大岭社区天纺农贸市场门口开展了“宪法进社区”主题宣传活动，营造了良好的社区法制氛围。石峰区各个街道社区经常开展“身边好人交流会”，在社区形成学习好人、宣传好人、争当好人、关爱好人的浓厚氛围；还依托株洲市住建局，联合湖南省白马垅强制隔离戒毒所，走进公租房小区开展禁毒教育，让禁毒知识、反毒意识深入人心。

三是抓政策形势教育。通过社区教育网站、群众文艺活动、板报专栏宣传等多种形式，讲好“株洲故事”“湖南故事”“中国故事”和世界大事，让社区居民及时了解掌握市情、省情、国情和国际形势，提高认识、统一思想、凝聚民心；抓住重大政治教育活动集中开展时机，如“不忘初心、牢记使命”主题教育活动、党史学习教育等，以街道社区为基础，进行核心价值引领，培育社区居民政治意识、国家意识、民族情怀；把握重大政治事件时间节点，如党的生日、国庆等，组织开展形式多样的纪念庆祝活动，传播主流价值，增强社区居民的认同感、归属感和幸福感。如在天元区嵩山路街道办事处，15 个社区分别成立 15 个宣讲团，以演讲、视频播放、歌舞表演等多种形式开展“学习七一重要讲话精神，百人千场微宣讲”活动，第一时间将习总书记重要讲话精神传递到千家万户。

五、跟踪思维全程质控

一是协调指导。株洲社区大学充分履行社区教育组织协调职能，每年年初，结合新形势新任务明确社区教育工作思路，制定工作要点，对全市社区教育进行总体规划、部署安排。年中，注重对全市社区教育推进环节的全程跟进，从加强体系建设、整合教育资源、丰富内容形式、提升内涵品质等方面进行精心指导。定期对全市 10 个社区学院开展调研，对有特色或有困难的社区学校和学习中心进行走访，及时掌握区域内的社区教育状况，指导推动各项活动的开展和任务的落实，帮助解决各学院社区教育工作遇到的困难，确保全市社区教育整体推进、均衡发展。

二是宣传引导。每年专门组织报社、电视台、广播电台和主流网络媒体，开展“社区教育宣传月活动”，对全市社区教育开展情况进行集中巡礼，对效果好、影响大的社区教育先进典型进行广泛宣传，对好的经验做法及时总结提炼推广。如攸县石羊塘镇谭家垅村乡贤馆创始人夏昭炎老教授的先进事迹，被人民日报、光明日报、中央人民广播电台、中央电视台等 4 家中央媒体和湖南日报、湖南卫视、湖南人民广播电台、湖南经视、红网等省内主要媒体采访报道；渌口区刘双喜老人的非遗项目“双喜漆画”被中国教育电视台、株洲电视台、株洲日报等多家媒体报道；芦淞区 2020 年全民终身学习活动周启动仪式暨首届社区学习共同体才艺展示活动，被全国全民终身学习活动平台、株洲日报、株洲红网等媒体报道。通过宣传报道，提高了株洲终身教育、社区教育的知晓度和影响力，掀起了全民终身学习的热潮，促进全民终身学习氛围的形成。

三是考核督导。株洲市每年下发《关于株洲市“百姓学习之星”“优秀学习团队”“学习型家庭”“终身学习品牌”评比的通知》《关于株洲市“社区教育先进县市区”“社区教育先进工作者”评比的通知》等考核评比文件，制定各项目评比考核指标体系和具体考核办法，实行一年一评、一年一考，进行分类评比、分类考核、分类督导，以考促教、以考促学、以考促建。通过考核评比活动，发掘表彰了一大批先进典型人物和案例，肯定鼓励各社区教育组织和市民参与终身学习的热情，营造出互学互促、你追我赶的社区教育工作格局。

第十一章
以家文化建设推进新时代社区思想教育

“家文化”是中国传统文化以家庭为单位落地的国学文化，是中国之学，中华之学，在中国已有五千多年的悠久历史，是中华民族传统文化瑰宝。《大学》中说“古之欲明明德于天下者，先治其国；欲治其国者，先齐其家；欲齐其家者，先修其身；欲修其身者，先正其心；欲正其心者，先诚其意；欲诚其意者，先致其知。致知在格物。物格而后知至，知至而后意诚，意诚而后心正，心正而后身修，身修而后家齐，家齐而后国治，国治而后天下平”。这就是我们经常说的“修身、齐家、治国、平天下”的道理。

党的十八大以来，习近平总书记在不同场合多次谈到要“注重家庭、注重家教、注重家风”，强调“家庭的前途命运同国家和民族的前途命运紧密相连”。这为社区思想教育以文化人注入了新的动能。当前，社区“家文化”建设既要瞄准家庭这个最基本的社会单元，更要把社区作为各个小家庭的社会大家庭来看待，达到家治而社区安的目的。湖南省株洲市芦淞区社区教育立足实际，创新思维，以“幸福芦淞·家文化”建设项目创建为契机，探索出一条以“家文化”建设推进思想教育的新路子。

一、"幸福芦淞·家文化"建设项目的基本定位

1. "幸福芦淞·家文化"建设项目的缘起

株洲市芦淞区在"十三五规划"中提出了建设"绿色、富强、时尚、幸福"新芦淞的发展目标，把"幸福芦淞"作为发展目标的重要一极。芦淞区社区学院围绕区委区政府的重点工作，以"家文化"建设项目为载体对接"幸福芦淞"建设，着力推进芦淞区学习型社会建设。

2. "幸福芦淞·家文化"建设项目主要目标

让优秀"家文化"走进千家万户，在全社会形成"注重家庭、注重家教、注重家风"的良好风尚，以家庭小气候温润社会大生态，推进幸福芦淞建设。

3. "幸福芦淞·家文化"的内涵界定

所倡导的"家文化"，主要包含四个方面的含义。

一是和谐和睦。家和万事兴。在一个家庭中，只有成员和睦相处，才会有生活的幸福美满。一个单位中，只有干群关系和谐、职工和衷共济，兴旺发达才会有坚实的基础。

二是互助互爱。家是每个人温暖的港湾，而这温暖，来自家庭成员之间发自内心的体贴关怀以及生活中的互帮互助。

三是包容尊重。包容，是减少人际关系摩擦的润滑剂。尊重，是提升他人自信、赢得他人认可的金钥匙。一个幸福温馨的家庭，并不是从来没有矛盾和问题，而是家庭成员之间能够互相体谅、互相包容和互相尊重。

四是责任共担。家庭的幸福生活，需要通过每位家庭成员的共同力来创造。芦淞的发展进步，同样需要每一名居民的积极参与和持续推动。加强芦淞"家文化"建设，就是要引导芦淞人不断增强主人翁意识，勇于承担历史使命，主动履行岗位工作职责，用自己的辛勤劳

动和优秀业绩推动芦淞区的持续发展。

二、“幸福芦淞·家文化”建设项目的主要内容

“幸福芦淞·家文化”建设的总体思路是：以习近平新时代中国特色社会主义思想为指导，贯彻落实习近平总书记“注重家庭、注重家教、注重家风”的讲话精神，坚持“厚德文治，怀远兴迩”，让优秀“家文化”从家庭走向社区、辐射到单位，在全区形成“爱小家、顾大家”的文化理念，以文化人，推进“幸福芦淞”建设。

（一）着力打造“家文化”建设的实践载体

“家文化”研学基地是“幸福芦淞·家文化”项目的实践载体和主要平台，也是“家文化”项目建设的首要任务，该基地投资1亿元，建成后集室内培训、室外拓展、强化训练于一体。主要进行以传统文化和家文化为基本内容的亲子教育、纠错训练。通过强化训练，引导参训者向上向善向美，珍惜生命、孝亲敬长，培养其家庭、社会责任感，帮助其树立正确的人生观、价值观、世界观。

（二）努力营造“家文化”建设的浓厚氛围

搭建线上平台。在“芦淞宣传”微信公众号开设“芦淞家文化”专栏。开设“芦淞家文化”网站或网页，并在相关网站开设“家文化”专栏。开通“网上群众路线”微信群组，共享家文化资源，传递“家文化”正能量，宣传芦淞优秀“家文化”。

搭建线下平台。利用“幸福芦淞大讲堂”，定期开展“家文化”宣讲活动。成立芦淞区健康家庭教育指导中心，开展家文化进社区、进单位、进学校“三进”巡讲，为千万家户提供有效的家庭教育指导与服务。

（三）切实加强“家文化”建设的基本保障

一是领导保障。成立以芦淞区区长为组长的“家文化”建设领导小组，负责“幸福芦淞·家文化”项目建设的宏观指导、组织协调、过程监督和结果考核。区教育局牵头“家文化”建设工作。区文明办负责过程监督和结果考核，把“家文化”建设纳入文明城区、农村人居环境整治考核内容。领导小组办公室设在区教育局，负责“家文化”建设日常工作。区各乡镇、各街道、区直各单位相应成立领导小组，负责本辖区“家文化”建设工作。

二是人员保障。成立“幸福芦淞·家文化”项目建设工作小组，负责“家文化”建设方案的落实；聘请“家文化”研究专家，组建导师团队；招募热心公益且致力于“家文化”研修的志愿者，组建本土宣讲团队及志愿服务团队，为“家文化”建设顺利推进提供有力的支持。

三是经费保障。设立专项经费纳入芦淞区年度预算，保障“家文化”项目的教育平台、基地、场馆、文化长廊等的建设需要，确保组织学习、培训以及相关活动的经费支持。全各相关单位也要通过多种途径筹措部分资金，确保“家文化”建设工作的顺利开展。

（四）建立“家文化”建设联动机制

围绕“家文化”建设，以家庭、社区、辖区单位、区级责任部门为基础，明确目标、强化责任、激发活力，建立家文化“四级联动”的运行机制与工作机制。

一是家庭。积极引导村（社区）居民按新时代最美家庭标准要求，建温馨家园、立质朴家训、行勤勉家风、兴千秋家业。

二是社区。引导村（社区）居民“自己找问题，自己定规矩，自觉抓落实”，推选热心公益、德高望重的前辈牵头，建立健全村规民约监督执行和奖惩机制，把村规民约真正做进百姓的心里。

三是辖区各单位。各单位要倾心打造“单位是我家”的文化氛围，增强员工“我在我家”的归属感、“我爱我家”的自豪感和“我建我家”的责任感。通过改善办公条件，大力营造温馨舒适的“家”的氛围；通过完善“家规”即管理制度，形成人人守规、井然有序、奋发向上的工作氛围，全区形成牢记“家规”、秉承“家风”、共创“家业”的良好局面。

四是区级责任部门。区宣传部充分发挥“网上群众路线”微信群的优势，及时做好宣传、推介；区农业农村局结合美丽乡村建设、农村人居环境整治活动，充分调动村民积极性，创造性地开展“净化、绿化、美化、文化”“四化”活动，整体提升农村环境面貌；区住建局结合无物业管理小区整治工作，充分调动党员、企业退休职工的积极性，探索无物业管理小区自治管理模式的试点，再由点到面逐步推广；区妇联深入开展“家 + 文化”“139”家庭服务工作模式的实践，创新活动形式，拓展传播载体，强化典型示范，充分发挥妇女“半边天”的带动作用，努力构建全社会“注重家庭、注重家教、注重家风”的良好格局；区卫健局、文旅体局、民政局等单位结合部门优势，积极开展推进“家文化”建设的相关活动。通过点线面结合，相关单位同频共振，掀起“家文化”建设高潮。

（五）创新“家文化”建设主打品牌

一是全民读书活动月。以“家有诗书福自来”为主题，围绕“家·成才”“家·风采”“家·关爱”三大主线，开展系列活动，进一步倡导深度阅读和家庭阅读新风尚，全面推进芦淞“家文化”建设。

二是“我爱我家”系列活动。征集家风、家训、家规，选编优秀家风、家训、家规集子；征集“家庭幸福瞬间”照片，征集家庭风采主题摄影作品，讲述作品背后的故事；开展亲子阅读、亲子运动等活动，展示良好家风。

三是幸福芦淞大讲堂。充分利用好社区教育品牌“幸福芦淞大讲堂”，讲芦淞的家庭美德，扬芦淞人的齐家之道。

四是全民终身学习活动周暨“幸福芦淞·家文化”展示活动。展示“家文化”诗词创作、书画、摄影作品，表演原创戏曲、歌曲，展播微电影等一系列体现良好家风的文艺作品，表彰一批“芦淞最美家庭”，全面展示全民学习和家文化建设成果。

五是“我的家”童心童画征集活动。引导少年儿童感悟成长，用画笔描绘幸福的童年、美丽的家乡、可爱的学校、亲爱的家人。

三、“幸福芦淞·家文化”建设项目的做法和成效

“幸福芦淞·家文化”建设项目始于2017年，一级目标是五年建成。芦淞区社区学院按照区委区政府的统一部署和安排，精心组织、大胆创新，经过五年稳步推进“家文化”项目建设，在培养亲情、稳定社会、处理矛盾、教育后代、和睦家庭等方面取得了良好的效果，受到社会各界的一致好评。芦淞区继在被评为“全国社区教育试验区”的基础上，2019年“幸福芦淞大讲堂”获评全国“特别受百姓喜爱的终身学习品牌项目”，2020年“幸福芦淞·家文化”建设项目获评全国“终身学习品牌项目”。

（一）主要做法

自2017年始，芦淞区开展了“幸福芦淞·家文化”建设，完成了家文化建设“12345”工程，即：建设1个基地，打造“家文化”研学阵地；搭建2个平台，营造线上线下相融的宣传氛围；强化3个保障，夯实“家文化”建设基础；做实“4级”联动，完善“家文化”传播体系；开展“5大”家文化建设活动，凸显家文化建设实效。

1. 建设一个基地，打造“家文化”研学阵地

2017年引进了“齐家道和教育科技有限公司”，在梦蝴山庄启动了“中华优秀传统文化暨家文化研学基地”建设。由芦淞区社区学院与“齐家道和”专业团队共同打造。齐家道和教育科技有限公司是中国第一家以传播和推广“家文化”为宗旨，以辅助中国优秀传统文化落地千家万户为己任的教育科技公司。齐家道和教育科技有限公司打造的“家文化”学习和培训系统，是以中国传统文化为根基和依托，支持中国每一个家庭、每个团队学习和修行中国传统文化，普及中国国学智慧，增加社会和谐，助力中华民族伟大复兴的文化传播体系。2018年建设了芦淞区家风家训主题展馆、文化长廊、家风家训教育基地。2019年建立了芦淞区家庭教育指导中心。

2. 搭建两个平台，营造“家文化”的宣传氛围

一是搭建线上平台。建立了“芦淞家文化宣教研学群”。在“芦淞宣传”微信公众号开设了“芦淞家文化”专栏。开通了“网上群众路线”微信群组，共享家文化资源，传递家文化正能量，宣传芦淞优秀家文化故事。二是搭建线下平台。利用“幸福芦淞大讲堂”，定期开展“家文化”宣讲活动。成立了芦淞区家庭教育指导中心，开展家文化“三进”（进社区、进单位、进学校）巡讲，为千万家户提供有效的家庭教育、家风建设指导与服务。

3. 强化四级联动，完善“家文化”推进机制

在全区开展了最美家庭评比活动；社区（村）开展了立家规，立村规民约，形成良好家风等活动；各单位开展了“单位是我家”创建活动；各学校开展了家庭教育讲座、亲子阅读、亲子运动等活动；区宣传部利用“网上群众路线”微信平台，开展了家文化的宣传、推介；区农业农村局开展了“整治人居环境、建设美好家园”行动；区妇联深入开展了践行“家+文化”活动，2019年又启动了“家家幸福安康工程”。

4. 开展五大活动，丰富“家文化”实践载体

五年来，充分发挥社区教育的职能，利用社区教育网络，在全区持续开展了五大“家文化”建设活动。

——芦淞新时代最美家庭评选活动。最美家庭评选分廉洁之家、仁义之家、诚信之家、敬业之家、孝善之家、勤学之家，建立了评价体系。三年共评选了 45 个最美家庭，为和美家庭建设树立了榜样。

——“家文化三进（进社区、学校、单位）”宣传教育活动。在学校、社区、辖区企事业单位开展了“中华好家风，神州万里行”300 余场次巡讲活动。在辖区学校范围内开展 100 余场“家庭与教育”“家风”“家风——家校共建”讲座。在社区开展了 100 余场“共建和谐社区”“家风——教子有方”“夫妻沟通密码”“轻松做父母”“家和——以孝治家”专题讲座。在机关企事业单位开展了 100 余场“廉政与家庭”“家风与廉政”“学家风转作风”“家风与家庭”专题讲座。区委组织部组织开展了“家风助廉弘扬清风正气”教育活动。

——家庭教育与家风建设培训活动。利用社区学校、家长学校开设“家文化”宣教课堂。利用“芦淞家文化宣教研学群”长期开展家文化宣教活动，每周一、三、五活动一次。2018 年导师团组织开展了“家之和——爱心与宽容”“家之教——教育与栽培”“家之责——责任与奉献”“家之序——秩序与制度”“家之誉——美德与声誉”专题系列培训。2019 年导师团组织开展了和睦兴家、孝敬父母、夫妻恩爱、子女成才、家人健康家庭教育系列培训。

——“和美家风”主题系列活动。学校开展了“学校（班级）是我家”主题活动，开展了“我在芦淞学家风讲家道”优秀作文比赛等。街道、社区组织开展了“我爱我家”“社区是我家”主题活动，开展了“芦淞好家风之五好家庭”评选活动，开展了征集“家风、家训、家规”传颂“家”的故事活动。机关企事业单位组织开展了“我们都有一个家”主题活动，开展了“芦淞好家风之优秀员工”评选活动等。

——家文化建设成果展示活动。每年利用全民终身学习活动周开展了家文化建设成果展示活动。

制度建设是“家文化”建设的重要内容，同时，行之有效的体制机制又是“家文化”建设深入推进的重要保障。因此，在推进“幸福芦淞·家文化”建设过程中，一方面，制定了“幸福芦淞家文化”建设的战略规划，建立健全了“幸福芦淞·家文化”建设组织领导、过程监督和结果检查考核等制度，以保证“家文化”建设各项工作和活动有序推进。成立了以区长为组长的“家文化”建设领导小组，负责家文化建设的宏观指导、组织协调、过程监督和结果考核。社区学院牵头“家文化”建设工作。文明办负责过程监督和结果考核，把“家文化”建设纳入文明城区、农村人居环境整治考核内容。成立了工作小组，负责“家文化”建设方案的落实；聘请了30名“家文化”研究专家，组建了导师团队；招募了热心公益且致力于“家文化”研修的志愿者，组建本土宣讲团队及志愿服务团队，为家文化建设顺利推进提供了有力的人力支持。设立了专项经费，保障了“家文化”建设的教育平台、基地、场馆、文化长廊等建设，保障了学习、培训以及相关活动的开展。另一方面，建立健全了芦淞区保障居民物质文化等方面权益的运行机制，完善了职工履行岗位职责、承担“家”责任的制度规范。依靠制度的运行，约束引导居民与职工的行为，形成了共建“幸福芦淞”的强大行动合力。

（二）主要成效

“幸福芦淞·家文化”以家庭为单元，以社区为基础，以家文化为载体，以幸福芦淞为目标，整合辖区资源，构建联动机制，着力建设“孝老爱亲”的新家风、“互助互爱”的新院风、“诚实互信”的新行风、“遵纪守法”的新社风、“风清气正”的新党风。五年来，“幸福芦淞·家文化”建设扎实推进，内化于心，外化于行，成效斐然。

1. 家风促党风，党风引家风，共铸社区精神

芦淞区各社区以“家文化”建设为主线，在开展“家文化”宣传教育和舆论引导的同时，开展了“新时代最美家庭”评选活动、“家文化三进”宣传教育活动、“和美家风”主题系列活动等，营造了注重家庭、注重家教、注重家风的浓厚氛围，潜移默化推崇新风正气。“家文化”育人有声，道德耕读、诗书传家的理念正在形成，建设“父慈子孝、兄友弟恭、夫义妇顺”的和睦和谐家庭成了多数家庭的追求；优良家风逐渐走进千家万户，廉洁之家、仁义之家、诚信之家、敬业之家、孝善之家、勤学之家不断涌现。同时，芦淞区委组织部开展了“家风助廉弘扬清风正气”教育活动，邀请专家学者、道德模范、最美家庭、纪检干部等各类先进典型代表，组建“好家风”宣讲队伍，用真人、真事、真情感染广大党员干部和群众，用廉洁文化和好家风家训涵养党员干部好作风。一个个特色党建品牌涌现，一个个社区特色党支部成立，诸如红歌党支部、爱心党支部、健教党支部、护绿党支部、安监党支部、应急党支部等，这些特色党支部积极主动地开展工作，走家串户了解各家情况，帮助居民群众特别是弱势群体解决实际困难，引领好的家风进一步形成。

2. 家风带社风，社风育家风，共创社区和谐

芦淞区把“家文化进社区”宣传教育活动与社区“道德讲堂”结合进行，着力弘扬社会主义核心价值观，用“身边人讲身边事，身边事教身边人”的方式，传递“责任共担、包容尊重、孝老爱亲”的强大正能量，辖区内居民见贤思齐、崇德向善的氛围日益浓厚，“创优秀集体，建幸福芦淞”的局面正在形成。社区“居民之家”助推居家养老温情服务，着力打造“关爱型”社区品牌，实现了志愿者与空巢老人、孤儿等困难户结对帮扶。“老吾老以及人之老，幼吾幼以及人之幼”理念深入民心，社区尊老、敬老、爱老、助老成为常态。这不仅让广大老年人从中受益，也让传统孝文化得到了传承和发展。“家文化”使

爱岗敬业、孝老爱亲成了居民的本分。孟子所说的“父子有亲，君臣有义，夫妇有别，长幼有序，朋友有信”的社风正在打造，因“家文化”而兴、因“家文化”而美的和谐社区逐渐形成。

3. 家风树民风，民风兴家风，共推社区发展

芦淞区深入开展“践行家文化，开展树七美建设”活动，让优秀家文化走进了千家万户，营造了一种和谐、融洽的邻里关系，树立并表彰了一大批最美家庭、和谐大院、廉政文化院、清洁庭院、身边好人、阳光老人、孝尊工作者（即七美），以榜样的力量助推积极向善、互助互爱的社区文化形成，有效夯实了良好家风滋养正向民风的基础。近年来，芦淞区持续举办的“邀你同读家训经典”活动，邀请了各行各业的代表参加，以“家有训、行有规”为主题对行业行为准则进行诠释，大力弘扬“爱岗敬业、诚信守法、遵规守纪”的社会风尚。同时，社区干部本着积极引导、施惠于民的原则，号召区域内商铺和单位参与“学家文化，创诚信之家”活动。通过在微信平台发布消费者权益保护法、食品药品监督管理条例等法律常识，通过宣传栏、承诺书、电子门楣等载体，引导零售业商户养成诚信守法意识，打造芦淞区良好营商环境，有效助推区域经济的发展。

附 录

“社区教育均衡发展策略研究”项目研究报告

项目类别：湖南省职业教育教学改革研究项目

项目批准号：湘教通〔2020〕289 号

项目编号：ZJSB2020021

项目主持人：朱忠彪

项目组成员：徐云翔、宋燕、唐曦之、王坚、蒋雯

一、研究背景与意义

（一）研究背景

社区教育是我国教育事业的重要组成部分，是社区建设的重要内容。进一步推进社区教育发展，是贯彻落实党的十九大精神、实施教育惠民的民生工程，是推进全民终身学习、构建学习型社会的基础工程。我国政府颁发的多项教育规划或文件中提出要大力发展社区教育，

如《教育部等九部门关于进一步推进社区教育发展的意见》中指出社区教育是形成学习型社会、全面建成小康社会的重要手段、途径；中共中央办公厅、国务院办公厅印发的《加快推进教育现代化实施方案（2018—2022年）》中规定要“加快构建终身学习制度体系，加强终身学习法律法规建设，搭建沟通各级各类教育、衔接多种学习成果的全民终身学习立交桥，加快发展社区教育、老年教育，深入推动学习型组织建设和学习型城市建设”。但在社区教育实际发展过程中却呈现出整体发展不均衡的局面，东部地区发展良好而中西部地区发展落后、城市地区发展良好而农村地区发展落后、实验区和示范区发展良好而普通区发展落后。实现社区教育均衡发展有利于社区居民自由全面发展，促进社区的整体发展，实现教育公平以及构建学习型社会。

中国共产党第十九次全国代表大会上，习近平总书记指出，要“优先发展教育事业”，“推进教育公平”，“办好继续教育，加快建设学习型社会，大力提高国民素质”，进一步重申了《国家中长期教育改革和发展规划纲要（2010—2020年）》提出的关于“广泛开展城乡社区教育”的战略目标。为贯彻落实这一目标，教育部等九部门于2016年联合印发《教育部等九部门关于进一步推进社区教育发展的意见》，重申社区教育要围绕学习型社会建设，着力实现“普惠性，促进社会公平”，“立足城乡社区，面向基层”，办好居民“家门口的社区教育”。这一观念，被社区教育学术理论界与一线实践者视为相关工作的立足点、指导理念与重要诉求，且倾向于用社区教育均衡发展，也即“均衡化”进行概括。均衡化不仅已经成为我国社区教育理论研究的立足点，而且正逐步提升为指导社区教育实践推广的基本理念与最终诉求。

近年来，我省社区教育工作取得了阶段性成就，初步探索出具有湖南特色的社区教育发展模式和路径，形成了社区教育五级服务体系，建设了一批国家级和省级社区教育实验区、示范区，社区教育参与率和满意度逐步提高。为贯彻落实《教育部等九部门关于进一步推进社区教育发展的意见》（教职成〔2016〕4号）精神，结合我省经济社会发展实际，2019年2月25日，湖南省教育厅等九部门联合印发《关于进一步推进社区教育发展的实施意见》，强调了社会参与、资源共享的基本原则，鼓励各级各类学校积极筹办和参与社区教育。“通过整合资源，建立健全城乡一体的社区教育市（州）、县（市、区）、乡镇（街道）、村（社区）四级社区教育服务机构。依托湖南广播电视大学设立社区教育指导机构，统筹指导全省社区教育工作的开展。市（州）可依托广播电视大学、农业广播电视学校、职业院校以及社区科普学校等设立社区教育指导机构，统筹指导本区域社区教育工作的开展。研究制定社区教育办学机构指导性要求。”要求培育多元主体，吸引各级各类学校和社会各界力量积极参与社区教育。整合各类教育资源，实现资源共建共享，为社区居民提供多样化教育服务。

（二）研究意义

虽然我国相关政策已经关注了社区教育均衡化这一理念，但是我国关于教育的宏观性制度设计，诸如《国家中长期教育改革和发展规划纲要（2010—2020年）》与《国家教育事业发展“十三五”规划》中对社区教育的阐述，将之简单列入终身教育与继续教育的范畴，而缺乏明确、详细的阐述。在我国教育基本法《中华人民共和国教育法》中，对社区教育并无涉及。借鉴国际经验，我国应加快对社区教育均衡化发展的制度化顶层设计，尤其是考虑加快立法进程，对社区教育及终身教育体系的整体设计在法律层面予以确认与规范。需要指出的是，这一过程要充分借鉴在社区教育中所体现的终身教育理念，即强调终生接受教育是每位居民应当享有的基本权利，国家应当为此统合所有资源以提供可行机会，并且不再以实现经济性或功利性的目标为核心，而是延伸至推动个体实现所有发展与价值转换，不仅要明确社区教育在教育体系中的意义与作用，还要澄清其与既有学校教育体系的沟通、衔接的关系，更要廓清落实社区教育发展的机制与途径。

我国社区教育自萌芽阶段起虽然就受到政府的关注与财政支持，但是全国范围内看，社区教育经费仍十分短缺，且增长速度亦十分缓慢。据调查统计显示，增长率高于国家财政收入和中央财政收入增长率的仅为极少数地区，大部分地区则处于零增长或少于10%的低增长状态。[①]我国社区教育的各项优质资源仍然十分有限，各社区教育机构服务能力有限（据统计，社区教育实验区、示范区中每人拥有区级社区教育中心的面积约为0.02平方米，街道/乡镇社区学校的人均面积约为0.03平方米，居/村委会教学点人均面积约为0.04平方米[②]），社区教育工作人员无准入机制、无培养培训机制、无岗位职称序列，社区教育课程开发没有系统理论、指导纲要、开发原则与资源保障等[③]。我国未来要增强优质资源建设，尤其应关注相关社区教育基本问题的研究，要更加重视实验与试点，尤其是以实验项目形式进行的具体探索研究，并且尽快推动我国在高等教育学科领域增设社区教育学的专业，为社区教育发展提供充足的理论研究支持。[④]

《国家中长期教育改革和发展规划纲要（2010—2020年）》指出，社区教育作为继续教育的基本形式，在终身教育体系和学习型社会建设中扮演着重要角色，是推进教育公平的基本形态。2016年，教育部等九部门联合出台了《关于进一步推进社区教育发展的意见》（以下简称《意见》），在该《意见》中明确指出，要通过社区教育发展来加速推进终身教育体系和学习型社会建设，打造一个面向城乡、面向人人

---

① 张丹海，汪明骏.我国社区教育研究[M].北京：中国计量出版社，2010：149—162.

② 杨志坚，张少刚.中国社区教育发展报告（2013—2014年）[M].北京：中央广播电视大学出版社，2015：80—100.

③ 教育部等九部门.关于进一步推进社区教育发展的意见[EB/OL].2016-6-28.http//www.moe.edu.cn/srcsite/A07/zcs_cxsh/201607/t20160725_272872.html.

④ 国卉男，赵华，李珺.比较视野下社区教育的均衡化发展[J].中国远程教育，2019（3）：56.

的社区教育体系。党的十九大报告进一步指出，要加快发展继续教育，不断推进优质教育资源的共享，进而实现教育公平。从国家政策导向上看，社区教育对于推进教育公平具有现实价值。从本质上看，教育公平实际上就是教育均衡化问题，但客观而言，我国社区教育均衡化发展并不理想，存在城乡、区域、群体之间的失衡。[①]因此深入探究实现社区教育发展均衡化的理念设计、实践经验，对湖南加速社区教育发展、落实发展战略至关重要。

虽然湖南的社区教育发展已经初具规模，取得阶段性成果，但仍然存在各地社区教育机构建设水平不一、发展不均衡，各地社区教育资源有差距，尤其是农村和城区的社区教育资源差距悬殊等问题，均衡化发展比较缓慢。这与十九大报告提出的构建终身教育体系是不相适应的，也与建设教育强省的发展规划不相符。因此，对社区教育发展均衡化进行理念探讨和经验总结，对于完善我国社区教育均衡化具有现实的意义。

二、社区教育均衡发展的内涵及理论基础

（一）社区教育均衡发展的内涵

均衡，其英文译为balance，equilibrium，强调系统各要素间的协调和比例关系适度，是平衡、和谐的同义语。社区教育均衡发展就是指以教育资源配置均等为核心，实现社区教育在城乡之间和地区之间的优质和谐发展。其内涵具体包括：社区教育机会均衡，社区全体成员享有平等的受教育机会与权利；社区教育投入均衡，以均衡为原则配置社区教育资源，实现帕累托最优；社区教育师资均衡，社区教师在不同地区得到均衡配置；教育结果均衡，全体居民通过接受水平

① 李燕．国外社区教育均衡化发展的经验及其价值 [J]. 继续教育研究，2019（4）：88.

相当的社区教育，得到高质量的发展。需要注意的是，社区教育均衡发展是动态的均衡，会随着时代的发展而有所不同，而且这种均衡是相对的，不能把其理解为各地社区教育在投入、师资等方面的绝对等同及低位均衡，而应是具有各地特色的高水平均衡。①

（二）社区教育均衡发展的理论基础

1. 公共财政理论

公共财政理论认为，公共财政是政府分配国民收入，并向社会供给公共产品以及服务的行为，其目标是满足社会公众需要、增加社会公共利益，具有民主性、公共性和民生性。社区教育要实现均衡发展，需要以政府对公共财政的均衡分配作为基础。首先，公共财政投入直接影响社区教育设施及师资等资源在地区间、城乡间是否配置均衡，最终影响各地社区教育发展质量。其次，社区教育是具有公共性质的产品，意味着所有地区的社区居民都有权利和机会参与，政府有义务（而且也只有政府才有这样的资格和能力去对公共财政进行分配）运用财政手段和政策保障社区教育活动经费的均衡，从而实现社区教育的民主及公众利益的最大化。最后，对于社区中的弱势群体而言，若按照市场机制开展社区教育活动，他们就较难承担相关的费用，尤其是西部地区和农村地区的老年人更难承担教育费用。因此，需要政府用公共财政手段保障不同地区中的弱势人群都能参与社区教育。故我们应以公共财政理论为指导去分析社区教育均衡发展问题。

2. 发展型社会政策理论

该理论主张社会福利是基于社会投资的，惠及全部社会成员的积极福利，国家、非政府组织、企业等是社会福利的提供者，其中政府

---

① 李明旭，邵晓枫. 我国社区教育均衡发展：问题与改革路径 [J]. 职教论坛，2020（7）：115.

是主要行为人，应通过社会投资（教育、培训）积累资本，提高个人生存发展能力，保证社会成员发展机会的均等。社区教育均衡与发展型社会政策有一定内在联系。首先，社区教育因普惠性、非营利性的特点可视为教育福利，政府作为积极福利的行为人，应当将社区教育视为与义务教育同等重要的教育福利，保障不同地区、不同阶层居民都享有均等的受教育机会，实现社区教育福利的全覆盖。其次，该理论强调公共支出的重点是通过如教育这样的社会投资去保证社会成员发展机会的均等。目前我国东部地区、城市地区的社区教育开展较好，使居民积累了一定的人力资本，拥有更好的发展机会，而西部地区、农村地区缺乏社区教育机构或相关培训，居民的人力资本存量和发展机遇都很少。换言之，目前我国的社区教育还没有保障全体居民发展机会的均等，需要实现均衡发展。因此政府有必要增加西部地区、农村地区的社会投资，通过实现社区教育均衡发展增加发展薄弱地区居民的人力资本存量，并增强自我发展能力。此外，均衡发展的有关理论也应是社区教育均衡发展的重要基础。均衡发展源自发展经济学，强调经济要素间存在依赖性和互补性，认为只注重某一部门或地区的发展会影响其他部门和地区的发展，因此所有经济部门和地区应并肩前进，共同发展。从这一观点出发，我们不能只注重对少数地区社区教育的投入，对于注重各地社区教育投入均衡，实现社区教育均衡发展具有理论指导意义。①

3. 教育公平理论

追求教育公平是人类社会古老的理念。孔子“有教无类”的主张，体现了古代朴素的教育民主思想。多年来我们对教育重要性的认识，侧重在教育作为人力资源开发，促进经济增长、科技进步的功利价值

① 李明旭，邵晓枫.我国社区教育均衡发展：问题与改革路径[J].职教论坛，2020（7）：116.

上。但在社会客观存在经济、社会地位等方面巨大不平等的情况下，教育给人提供公平竞争、向上流动的机会，帮助弱势者摆脱他出身的那个群体的局限，能够显著地改善人的生存状态，减少社会性的不公平。因此，现代社会的教育，既是经济发展的“加速器”、科技进步的“孵化器”，同时，由于它在社会流动、社会分层中所具有的“筛选器”作用，又被视为社会发展的“稳定器”和“平衡器”。被称为美国“公立学校之父”的贺拉斯·曼便这样宣称：“教育是实现人类平等的伟大工具，它的作用比任何其他人类的发明都伟大得多。”

可见，教育公平不但是一种美好的社会理想，而且，它之所以成为现代教育的基本价值，是因为教育具有促进社会平等的社会功能。教育公平的理念是政治、经济领域的自由和平等权利在教育领域的延伸。在超越了身份制、等级制等将教育视为少数人特权的历史阶段之后，平等接受教育的权利作为基本人权，成为现代社会普世的基础价值。

习近平总书记在党的十九大报告中明确指出：民生领域还有不少短板，脱贫攻坚任务艰巨，城乡区域发展和收入分配差距依然较大，群众在就业、教育、医疗、居住、养老等方面面临不少难题。在教育层面，其难题集中体现为教育不公平，突出问题是教育的城乡差距和区域失衡。因此，实现教育公平是新时代中国特色社会主义的题中应有之义。

我国的社区教育经过多年的实践，已经取得了长足的进步，然而各地社区教育的发展不平衡，人们获得优质终身学习的需求也没有得到充分实现，况且，新时代对社区教育的发展又有了新要求，明确了新任务。而在各地建设标准化的社区教育机构正是化解社区教育不平衡不充分发展与人们对终身学习美好愿望的需要之间矛盾的一个有力途径。国家应为各地提供相对均衡的办学条件，确立一个相对统一的社区教育机构建设标准体系，使各地社区教育机构都能拥有大体均衡的物资条件和师资队伍条件，无论是从教学场地、设施设备等硬件资源，还是从师资队伍、教学课程等软件资源都相对统一，从而在社区教育领域贯彻教育公平的理念，实现相对均衡发展。

4. 终身教育理论

终身教育（lifelong education）是指人们在一生各阶段当中所受各种教育的总和，是人所受不同类型教育的统一综合。包括教育体系的各个阶段和各种方式，既有学校教育，又有社会教育；既有正规教育，也有非正规教育。主张在每一个人需要的时刻以最好的方式提供必要的知识和技能。终身教育思想成为很多国家教育改革的指导方针。

“终身教育”这一术语是1965年联合国教科文组织主持召开的成人教育促进国际会议期间，由联合国教科文组织成人教育局局长法国的保罗·朗格朗（Paul Lengrand）正式提出的。

自20世纪60年代中期以来，在联合国教科文组织及其他有关国际机构的大力提倡、推广和普及下，终身教育已经作为一个极其重要的教育概念而在全世界广泛传播。许多国家在制定本国的教育方针、政策或是构建国民教育体系的框架时，均以终身教育的理念为依据，以终身教育提出的各项基本原则为基点，并以实现这些原则为主要目标。终身教育理论确立以来，受到各国的普遍重视。目前许多国家的政府把终身教育作为本国的教育改革的总目标，努力把终身教育纳入规范化渠道，并以终身教育的原则来改组、设计自己的国民教育体系。

国务院于1999年1月批转的教育部《面向21世纪教育振兴行动计划》提出，到2010年基本建立起终身学习体系，终身教育作为一项规定和任务，已分别写入《中华人民共和国教育法》和《中国教育改革和发展纲要》中。

社区教育是终身教育的重要组成部分，是建立学习化社会的重要途径。随着我国民主政治的推进，不但要求义务教育要实现均衡发展，而且要求社区教育同样要实现均衡发展。在我国当代社区教育发展的30多年里，虽然取得了可喜的成就，但其发展在城乡之间和地区之间依然存在着较大差距。目前我国学术界对这一问题的研究还非常薄弱，在中国学术期刊网上只有几篇专门研究社区教育均衡问题的文献。如王铭等认为社区教育均衡是使全体居民能够接受水平大致相当的社区教育，使得每个居民的基本发展权得到保障。唐晓明认为社区教育均衡是对管理体制、经费投入等进行统一规划，实现区域内社区教育供需相对均衡。国卉男等人认为社区教育均衡化是指供给、效果、服务均衡，并从制度、经费投入以及增加优质资源等方面提出社区教育均衡化发展途径。总体而言，人们对社区教育均衡问题研究较少，对于社区教育均衡发展的内涵、理论基础、现状及对策等问题的研究还不系统，特别是对于我国社区教育均衡发展的现状研究极少，本课题拟对上述问题作进一步深入而系统的探讨。

三、研究目标

本项目为如何根据实际推进株洲市各级社区教育机构的均衡发展提供实践指导，并为全省各级社区教育均衡发展提供样本参考。由于社区教育均衡发展涉及的内容颇多，本项目主要着眼于实现社区教育均衡发展的路径展开研究，通过合理配置社区教育资源，办好每一所社区教育学校，从而实现该区全体居民自由全面的发展，达到社区教育均衡的最终目标。

四、研究方法

（一）文献法

通过国内外学术数据库、网站、电子图书馆等学术平台查阅国内外有关社区教育机构建设的论文、著作和报道等，研究本课题实施的理论依据以及可资借鉴的优秀经验。

（二）调查法

结合研究内容需要，制作调查问卷和访谈提纲，以社区教育试点地区为调查和访谈区域，以社区居民、社区教育机构的管理人员和教师、社区教育机构的学员、教育行政部门的有关人员等为调查和访谈对象，获取一手数据和相关资料，弥补仅从文献中获得资料的缺陷。

（三）比较法

对调查掌握的情况进行国内外和省内外各地州市及试点对象所在的株洲市各区域进行比较，找出社区教育均衡发展比较好的地区的共性与个性，从中总结出经验做法和发现存在的问题。

（四）实验法

根据项目研究的需要，利用株洲广播电视大学（株洲社区大学）市级管理平台及株洲市芦淞区、天元区、醴陵市国家级社区教育实验区的优势，确定社区教育发展好的试点社区，总结其成功经验，再将经济相对困难、发展得不够的荷塘教育实验区作为对照试点，探讨构建符合本地特色的典型性社区教育均衡发展模型，找出均衡发展的策略，同时将初步成果进行推广，在推广过程中进行检验，发现不足的地方进一步研究完善。

（五）行动法

围绕“社区教育如何均衡发展”，规划研究方向，通过对实际社区教育工作过程的研究、反思、总结，得出切实可行的方法，并对形成的成果进行实践和推广，同时在成果实践和推广过程中进行检验，发现不足的地方进一步研究完善。

五、研究步骤与过程

项目组将本项目分解成若干部分来对研究内容分别实施，成立调查统计组、分析应用组、统稿组，明确研究人员在每项具体研究内容中的分工，明确管理措施。

（一）时间安排

本项目研发计划用一年半时间，分五个阶段完成。

1. 准备期（2020.6—2020.10）：文献资料收集和研究，研究框架与方案的设计，调查研究准备，有关地区和单位调查，论文准备。

2. 开展期（2020.11—2021.4）：调查研究的组织，理论研究实施，有关地区和单位跟踪，召开专题座谈会，论文撰写。

3. 分析期（2021.5—2021.9）：资料分析，调查数据处理，调查研究补充，比较研究，有关地区和单位经验收集和整理，召开专题座谈会，论文撰写，探讨构建符合本地特色的社区教育均衡发展模型。

4. 提升期（2021.10—2021.11）：按照评价标准和考核制度，对试点社区和非试点社区进行科学评价，并按照评价依据进行统计分析，开展比较研究，验证均衡发展模型的有效性和科学性。汇总研究成果，撰写和起草论文及研究报告。

5. 结题期（2021.12—2022.8）：申请并准备结题、验收。

（二）成员分工

由项目主持人朱忠彪负责项目的总体设计，负责项目组的日常管理和工作协调。

项目组成员分为统稿组、调研统计组、分析应用组。各组成员各司其职，分工合作。

统稿组成员为朱忠彪、宋燕、徐云翔，主要负责基础理论研究，撰写论文；并对调研情况进行总结归纳，撰写研究报告。

调研统计组成员为唐曦之、王坚，主要负责实地调研、收集整理和统计分析调研资料。

分析应用组成员为徐云翔、蒋雯，主要负责与省、市、区对口部门的联系，并负责项目试点工作，分析总结试点社区教育的实验情况。

（三）研究步骤

1. 培训与协作。召开课题开题会和过程研讨会，聘请专家进行培训，加强成员之间的交流与沟通，明确本课题研究的整体思路；发挥研究团队作用，集思广益，通力协作，讨论研究中的难点问题，形成共识。

2. 分工与管理。以一年半为实施期限，将项目分解成若干部分来对研发内容分别实施，成立调查统计组、分析应用组、统稿组，明确研究人员在每项研发内容中的分工，各组人员分别进行文献研究、比较分析、调查访谈、政策制定、途径设计等，并明确管理措施。

3. 总结与验收。根据研究过程中取得的成果进行综合分析，构建社区教育均衡发展的效果测评体系。整理研究过程材料，撰写验收报告。

4. 测量与评价。按照评价标准和考核制度，对试点社区和非试点社区进行开展科学评价和统计分析，进行比较研究，验证均衡发展模型的有效性和科学性。

六、研究内容

本项目研究的总体框架分四个部分，按照一定的逻辑层次安排如下。

一是进行基础理论研究。选取公共财政理论、发展型社会政策理论、教育公平理论、终身教育理论这“四大理论”作为本课题研究的理论基础，深入分析“四大理论”与本课题的相关性，将其贯彻于研究的全过程。

二是进行国内外、省内外社区教育均衡发展的比较研究。以湖南省为视角，全面总结提炼国内外、省内外社区教育均衡发展的主要做法、经验，找出国内兄弟省份以及发达国家和地区在社区教育均衡发展上的差异性，借鉴国内兄弟省份及发达国家或地区的经验做法，客观分析湖南社区教育均衡发展面临的新形势和存在的问题，论证标准化社区教育均衡发展的必要性。

三是进行社区教育均衡发展路径探索。在实地调研的基础上，以“四大理论”作为分析的基础，以株洲市的实践为例，分析社区教育均衡发展的理论依据，以基层治理与社区教育融合为切入点，探索出一条社区教育均衡发展的路径。

四是加快构建社区教育均衡发展的对策建议研究。结合株洲市的实践，并借鉴兄弟省份乃至发达国家和地区社区教育均衡发展的成功经验，提出有针对性、具备可操作性的对策建议，加快标准化的社区教育均衡发展的建设。

七、项目研究解决的主要问题

1. 在分析国外社区教育均衡化发展的经验及其价值的基础上，论证了社区教育均衡发展的必要性，得出国外社区教育均衡化经验对我国的借鉴。

2. 在进行国内外、省内外社区教育均衡发展的比较研究的基础上，对实现社区教育均衡发展进行路径探索，从而构建社区教育均衡发展标准框架。

3. 在实地调研的基础上，根据株洲市的实践，明确适应本地的社区教育均衡发展的策略，以株洲市社区教育均衡发展的实践经验进行机制研究。

八、研究成果与分析

通过项目组历时两年的研究与实践，形成了以下几方面研究成果：1. 国内外社区教育均衡发展的研究综述；2. 国家治理视域下基层治理与社区教育融合研究；3. 社区教育均衡化的设想——论非物质文化遗产在社区教育中的重要性。以上第 2 项成果以论文《国家治理视域下基层治理与社区教育融合研究》的形式于 2022 年 1 月发表于《湖南工业大学学报》第 1 期；第 3 项成果以论文《社区教育均衡化的设想——论非物质文化遗产在社区教育中的重要性》的形式于 2021 年 10 月发表于《魅力中国》。

（一）国外社区教育均衡化发展的经验及其价值

《国家中长期教育改革和发展规划纲要（2010—2020 年）》指出，社区教育作为继续教育的基本形式，在终身教育体系和学习型社会建设中扮演着重要角色，是推进教育公平的基本形态。2016 年，教育部等九部门联合出台了《关于进一步推进社区教育发展的意见》（以下简称《意见》），在该《意见》中明确指出，要通过社区教育发展来加速推进终身教育体系和学习型社会建设，打造一个面向城乡、面向人人的社区教育体系。党的十九大报告进一步指出，要加快发展继续教育，不断推进优质教育资源的共享，进而实现教育公平。从国家政策导向上看，社区教育对于推进教育公平具有现实价值。从本质上看，教育公平实际上就是教育均衡化问题，但客观而言，我国社区教育均衡化发展并不理想，存在城乡、区域、群体之间的失衡。因此，借鉴发达国家的社区教育发展均衡化的理念和经验，对于完善我国社区教育均衡化具有现实的意义①。

---

① 李燕 . 国外社区教育均衡化发展的经验及其价值 [J]. 继续教育研究，2019（4）：88.

1. 借鉴国外社区教育均衡化发展经验的必要性

教育均衡包括两个方面的内容：一是教育供需之间的平衡；二是教育系统运行中各个要素的均衡。同理，社区教育均衡化，即社区教育在运行过程中，管理、经费、资源等方面应该做到规划一致，进而能够保证社区教育供给和学习者需求能够相对平衡。如此而言，社区教育均衡化至少包括三个方面的特点：第一，机会的均等化，即城乡所有社区民众均有接受社区教育的平等机会和条件，能够充分保障所有居民的教育权利，这种均衡是一种供给意义上的均衡；第二，过程的普惠性，即每个居民通过接受社区教育可以满足自身的教育需求，能够实现自身的预期目标，这可以称之为过程与结果均衡；第三，资源的一体化，即在一定区域范围内所有的社区教育资源，包括不同形式、类型的资源能够实现深度融合并能够为每位学习者提供均等服务，这是一种服务上的均衡。客观地看，关于我国社区教育均衡化问题，学术界研究较多，在不同的著作和论文中均有较多的体现，但纵观这些研究，重在强调社区教育均衡化的特质，特别是注重空间、对象均衡化的研究。此外，还比较注重社区教育均衡化发展与终身教育体系构建的关系，以及社区教育在与其他教育类型沟通中的均衡化。从实践上看，社区教育均衡化在国家和地方政策及制度设计中均有体现。一方面，国家对于社区教育均衡化的目标、原则、方式等有了明确的规划，教育部等九部门的《意见》中体现得极为明显；另一方面，地方政府在推进社区教育均衡化过程中进行了大胆的制度尝试，并制定了地方性法规来加以保障，典型的如成都市，制定了《成都市社区教育促进条例》。从这个角度看，均衡化不仅是我国社区教育制度设计的起点，还是社区教育理论研究的出发点，更是社区教育实践推广的根本诉求。国内学界和实务界将均衡化作为对社区教育认知的普遍共识，但对均衡化的理论并没有进行深入探讨，对均衡化的内涵和外延更缺乏足够的关注。

均衡化是研究社区教育的出发点，也是其实践推进的逻辑主线，从理论上认知其内涵是极为必要的。在发达国家，社区教育得到了充足的发展，尽管名称可能有所不同，有的称为社会教育，有的称为民众教育，但无论是哪种称谓，均重视对均衡化理论的研究。当然，在社区教育均衡化实践发展中更是积累了丰富的经验。如此，借鉴发达国家对均衡化内涵共性的认知以及总结其实践中的相关经验，对推进我国社区教育均衡化发展具有现实意义。

社区教育作为终身教育理念的产物，在不同的国家有不同的发展思路。终身教育、终身学习等理念发端于欧洲地区，而以高福利著称的北欧诸国特别重视公民学习权利的保障，这一实践逻辑比较契合我国倡导的社区教育群体均衡的做法。美国是全球最发达的资本主义国家，其在社区教育发展过程中特别重视社区民众的教育需求，尤其是重视少数族裔、弱势群体、未成年人的学习需求，社区教育担负着继续教育、大学后教育、职业技能提升教育的诸多功能，与我国社区教育的教育内容也有相似之处。日本作为亚洲最为发达的国家，在人口老龄化趋势严重的情况下，其社区教育重视本土国情与西方经验的结合，这种做法与我国当前老龄化社会发展趋势也有相似的地方。可见，深入研究北欧诸国、美国、日本等国家社区教育均衡化的实践，包括其理念、制度、保障等方面的经验，对于推进我国社区教育均衡化的发展具有重要的价值。

2. 国外社区教育均衡化的共通内涵

（1）北欧诸国的民众教育：伴随人终身的第三级教育

在北欧各国，所谓的第三级教育，指的是独立于基础教育、高等教育之外的其他各种非正式教育的总称。北欧各国的社区教育就是为民众提供基础教育、高等教育不能提供的学习需求，且这种供给是伴随人的终身的，可以说是“从摇篮到坟墓”。早在16世纪，欧洲宗教改革运动传播到北欧地区，直接推动了以读懂《圣经》为目的的民众教育的诞生。随后，在文艺复兴运动中，学校也正式从教会中独立出来，成为国家的教育机构，民众教育的理念和思想开始勃发。进入20世纪，北欧的民众教育在两次世界大战间获得了长足的发展，推动了民众教育的现代化。而北欧诸国是高福利国家，高福利的社会属性对民众教育有重大影响。为此，北欧各国政府为国民构建了“从摇篮到坟墓”的民众教育体系，将民众教育纳入终身教育体系中。

随着民众教育实践的不断发展，其核心思想和理念也不断演进和成熟。1844年，北欧的第一所民众中学在丹麦成立，随后从19世纪中期到20世纪初期，北欧各国分别成立了民众中学，冰岛、挪威等国甚至还成立民众高等学校。这些民众学校尽管办学实践各有不同，但均受到民众教育思想的重要影响。丹麦民众中学创始人科隆威，其作为民众教育的创始人，认为教育是激励人的精神和心灵的活动，是帮助人追求个性发展的形式，因此教育应该以生命为中心，重点帮助那些缺乏教育的民众，使之成为具有独立生存、学习和适应社会能力的人①。

20世纪初期，受杜威的影响，奥斯卡·奥尔森提出至今对民众教育依然有深远影响的五个重要观点：第一，任何人不能因为经济原因而无法参与教育；第二，任何人不论教育程度如何均应该参与教育；第三，任何人在接受教育过程中均能够平等表达自身观点；第四，任何人在接受教育过程中均能够自主选择自身阅读的文献；第五，任何人接受教育的过程应该是愉快的。到了20世纪60年代，终身教育理念在欧洲普及，对北欧各国的民众教育也产生了深远的影响，各国极为重视民众教育在学习型社会建设中的作用，将民众教育作为推进终身教育体系建设的重要方式，并通过法律、政策激励来为民众教育的发展提供支持，如丹麦的学习计程器制、瑞典的学习账户制度、挪威成人教育改革计划等。这些学习服务支持体系，对各国的民众教育均

① 王晓娟.丹麦民众教育研究[D].沈阳：辽宁师范大学，2011.

衡化起到一定的推动作用。

（2）美国的社区教育：支持个人生涯发展的补偿教育

社区学院是美国社区教育的主体机构，其办学形式在过去几十年内是不断变化的，但始终围绕社区教育服务个体生涯发展的基本理念。正如美国总统杜鲁门在1948年的国情咨文中所言，无论社区学院采取何种办学形式，但服务社区民众的理念是不会改变的，而且要在实践中不断改进，突出其多功能性[①]。可以说，杜鲁门对于社区教育服务理念的界定，直接影响了美国政府对社区教育的定位与制度设计。

冷战时期，社会动荡使得美国民众对本国的教育寄予更高的期望。由此，最初致力于衔接高中教育和大学教育的初级学院正式改名为社区学院，并强化了与社区服务的对接，重点在于提升社区经济活力以及更好地服务于社区大众。1970年，尼克松总统在国情咨文中再次肯定了社区学院的办学成就，并将其定位为促进未来的教育机构，为那些已经离开了学校且没有合适途径接受教育的民众提供补偿教育。自此之后，社区学院开始承接职业技术技能提升、大学后继续教育、社区服务等职责，日渐成为美国民众接受继续教育的主要形式。到了1970年代末期，随着两次全球经济危机的爆发，美国社区的失业率居高不下，加上技术的快速发展，社区学院在职业技术培训、职业指导中的作用日渐突出。进入1990年代，布什总统签发了《美国2000年：教育战略》，在该文件中明确了社区学院在终身教育体系中的作用，要求将社区学院变成美国人的大课堂，使得民众能够时时处处学习。由此，社区学院的发展也迈入了新阶段，在扩大对社会弱势群体技能补偿教育的同时，开始应对美国多元民族融合的教育问题，重点开展面对少数族裔和有色人种的补偿教育。到了奥巴马执政期间，经济下行对美国教育的方式、模式及发展速度产

① 郝理想．美国社区学院的重塑之路——社区学院“引导路径”改革的进展与挑战[J]．比较教育研究，2018（3）：106—112.

生了较大冲击，黑人、家庭贫困者完成高等教育的难度日渐增加，此时的社区学院开始关注这些人的高等教育学业完成情况，以努力提升社区学院的教育质量来满足这些群体的要求。

就美国社区学院发展历程及功能变迁来看，美国社区教育始终围绕如何提升个人生涯发展力而展开，特别是帮助少数族裔、弱势群体进一步学习和提升适应社会的能力，进而跟上经济社会快速发展的步伐。

（3）日本的社会教育：学校外的公共教育

日本现代教育体系诞生于明治维新时期。日本社区教育发展较晚，是始于二战后的教育改革时期。在1970年代老龄化社会到来之后，进行再次转型，如今已经处于一个相当高的发展阶段。在二战后的改革中，日本不但在政治上进行民主化改革，在教育上也是如此。1947年颁布了《教育基本法》，提出任何国民均有接受教育以及接受教育过程机会均等的权利。正是在这样的理念下，该法的第七条对社会教育有专门定位，即家庭教育、劳动教育及社会中开展的各类教育，均应该得到各级政府的鼓励；各级政府为国民提供的公共文化机构如博物馆、图书馆等，应该尽可能地利用这些公共设施来实现社会教育之目的。显然，日本社会教育的开展是基于“民众有接受教育的权利以及享有均等的教育机会”这样的理念，其在提升民众生存能力、劳动技能以及生活质量等方面做出重要的贡献。

1949年，日本正式出台了《社会教育法》，是社区教育的基本法。该法要求各级政府要为日本民众提供社会教育均等的机会，要为社会大众提供切实的教育服务，保证社会教育的普惠性和地方性。该法明确了社会教育的范围，包括针对青少年的校外教育以及针对成人的各类有组织教育活动，由此与学校教育做了明确的区分。其不但类型多样，而且覆盖面也比较广泛，是一种典型的公共教育服务。既然作为公共教育服务，均衡化、普惠性是其基本特质。

进入1970年代，日本进行了第三次教育改革，此次教育改革主要针对少子化、老龄化给教育带来的冲击和挑战。此时，终身教育、终身学习的理念得到进一步传播，社会教育也迎来了第二次转型。在此次转型中，更加凸显了社会教育的公共服务属性，即更加重视公共教育设施，如图书馆、博物馆等公共文化机构的作用。此外，还强调了学校教育、家庭教育与社会教育之间的衔接，特别是在青少年教育、女性教育以及老人教育中的衔接。

从日本社会教育的发展历程看，日本社会教育发展必须保证任何国民均能够接受教育以及保证教育机会的均等，这就要求社会教育必须全面保证社会大众的生活、生存和适应等方面的要求，其公共教育属性十分突出。

3. 国外社区教育均衡化的共同实践经验

（1）重视社区教育均衡化的制度设计

上述各国均将接受社区教育视为民众的基本权利，这样的理念是其社区教育制度设计的基础，并通过立法加以确认，为不同阶段以及不同地区的人提供不同形式和不同目的的多样化、均衡化社区教育服务。北欧各国从保证社区教育学习者的教育权公平的角度出发颁布一系列法律，如丹麦的《成人社会教育法》、瑞典的《民众中学法》、挪威的《成人教育法案》等。这些法律均明确了民众教育在整个教育体系中的定位，要求政府充分利用一切社会资源，为社会大众提供更多的教育机会。美国在社区教育立法方面也是比较充分的，至今出台的法律有数十部。例如，1947 年的《为民主服务的高等教育法》明确了社区学院的职能定位，1963 年的《高等教育设备法案》明确了社区教育基础设施建设的均衡目标，1988 年的《建设社区展望法案》规范了社区学院的办学目标和宗旨。此外，美国历任总统签发的各种政令，在推动社区教育发展方面也起到了法律规范的作用，特别是杜鲁门、尼克松、布什、奥巴马等在任期间签发的各种政令及所作国情咨文。日本更是以法律的形式确定社会教育的定位和形式，《社会教育法》将推进社会教育均衡化作为推进社会教育发展的基石，随后的《博物馆法》《图书馆法》进一步扩充了日本社会教育的内涵。

（2）突出政府投入的主导作用

社区教育作为公共教育服务体系，需要政府的大力支持。上述各国均注重社区教育的公共属性，政府承担了社区教育服务的绝大部分经费投入，学习者只承担少部分费用。北欧国家是典型的高福利国家，政府不仅承担社区教育的绝大部分经费，还会对学习者承担的杂费和膳宿费进行补贴。比如，丹麦社区教育的85%费用由政府承担，另外还对学习者的杂费和膳宿费补贴50%；瑞典的社区教育经费主要是来自各级政府，学习者承担的费用不超过10%；芬兰的社区教育经费85%来自各级政府，剩下的由学习者承担，但政府会定期发放学习补助。

美国政府对社区学院经费支持力度也比较大，但经费来源相对多元化，除了公共财政支持以外，还包括学习者学费以及社会捐赠。政府投入包括联邦政府投入、州政府投入和地方政府投入，其中，联邦政府投入比重较小，州政府和地方政府投入比重较大，对社区教育发展有较强的引领作用，州政府的经费投入是社区学院的主要经费来源，各州均有立法对其进行明确规定，这样也就能够最大限度地保证美国社区教育均衡化发展。

日本的社区教育是一种完全的公共服务，政府为此提供自上而下的全方位财政支持与经费保障。按照日本《社会教育法》，中央、都府道县、市町村按照一定的比例分担经费。为了更好地推进社区教育的均衡化发展，日本中央政府通过地方交付税来实施财政转移支付，由此消除了落后地区市町村因为经费短缺导致的不平衡；另外，社会教育经费在教育运行过程中的分布比较均衡，消除了因为某一教育要素独大而导致的不平衡。

（3）重视资源的融合与均衡配置

要推进社区教育的均衡化发展，不仅需要大规模的财政投入，还需要为经费投入提供合适的载体，包括教育设施、课程体系以及师资队伍等。

具体而言：第一，构建数量充足的教育设施。要实现社会大众随时、随地学，这既需要专门的社区教育机构来为学习者提供服务，也需要依赖大量的基础文化设施来为学习者提供服务。美国在杜鲁门执政时期，就提出要建立一个能够覆盖全美的社区学院网络群，进而满足不同地区、族群的社区居民的需要。1948 年，美国的社区学院仅为 48 所，到 2016 年已经达到 1255 所，翻了将近 30 倍。第二，设置类型丰富多样的课程体系。社区教育均衡化的目的就是要满足民众的个性化学习需求，为此需要构建一个门类齐全、内容丰富、形式多样的课程体系。在北欧诸国，各国在课程体系设置上的经验就值得我国借鉴。一方面，这些国家的社区教育课程设置比较注重教育过程与劳动力市场的互动；另一方面，要求社区教育服务的内容、方法和考核方式必须满足各个社区民众的学习能力和要求。第三，合理搭配师资结构。社区教育不管物质条件多么充足，要想取得实效，就必须依赖教师，依赖专业的管理人员。北欧诸国、美国、日本尽管在师资建设的标准上存在差异，教师的角色也各不相同，但教师的职能、教师队伍构成基本是相似的，均由兼职教师和专职教师组成，不同类型的教师有相应的准入机制，有成熟的教师继续教育模式以及职前培养机制。

4. 国外社区教育均衡化经验对我国的借鉴

（1）我国社区教育均衡化存在的问题

①区域之间以及同一区域的不同地区之间社区教育发展不均衡

受资源禀赋、地理条件、社会环境等方面的制约，我国社区教育发展存在较为严重的区域发展不平衡问题，这已经是困扰我国社区教育发展一个较为突出的问题。在东部发达地区，特别是在东南沿海一带，社区教育发展有着较好的基础，发展的势头也比较好；在中部地区，社区教育也正在有序推进，但进展过程并不顺利，社区教育覆盖面较为有限；在西部地区，除了少数大中城市以外，在小城市、城镇及农村地区，社区教育尚未起步。中西部地区社区教育发展的速度、规模、水平存在不平衡，在社区教育服务能力、服务水平以及基础设施建设等方面与东部地区也有较大的差距，这已经是困扰我国社区教育发展一个较为突出的问题。从过去几年国家推行的社区教育实验区的实施效果来看，特别是从2014年国家设立的第二批180个国家社区教育实验区和示范区来看，江苏省有92%的地市参加或拥有，但四川只有4%的地市参加或拥有；山东41%的基层区县参加或拥有，但诸如甘肃、广西、河南等省份，区县的参与率不到1%；新疆、西藏则没有。从这个数据可以看出，我国区域之间的社区教育发展是极不平衡的，各地的社区教育发展水平差异较大。造成这种局面的主要原因就是各地的公共财政投入上的差异，如上海、江苏等省市，社区教育人均经费达到8元/年，而云南、贵州等省份，人均经费还不到1元/年，有的省份则更低。社区教育的发展程度及服务水平之差异，反过来又影响了当地的经济社会发展水平。

②城乡之间社区教育服务水平不均衡

长期以来，由于城乡二元体制的存在，我国城乡基本公共服务存在较大的不平衡。在基本公共服务的政策偏好、经费和资源投入等方面，城市明显优于农村，进而造成了城乡之间经济社会发展水平的差异。在社区教育服务方面也是如此，城乡之间的差距是比较大的。这种服务水平的差距不仅体现在社区教育的硬件实力上，比如，人均学习场所、学习设备、学习条件、资源和经费等，还体现在软件水平上，如课程资源、师资力量、服务质量等。以社区教育发展比较好的宁波市为例，从2017年的统计数据看，城区范围内社区教育每万人配备的专职教师超过1.3人，其中，慈溪市最高，每万人的专职师资为2.5人；村镇范围内每万人的专职教师平均为0.89人，最低是北仑地区，每万人的专职师资为0.5人。再从硬件上看，村镇更是落后于城区，平均差距更大。在宁波市，城区社区教育对象人均拥有的计算机量大约为 1 台，而农村地区则只有 0.5 台；在人均经费方面，城区的社区教育人均经费拥有量是农村地区的 3 倍。而宁波市是东南沿海发达城市，也是社区教育开展水平较高的地区，其城乡之间差异尚如此巨大，更遑论中西部的城乡之间。

③不同群体之间享有的社区教育服务机会不均衡

机会均等是教育公平的基本要义。按照教育公平理论的要求，任何个体不分年龄、文化背景、所属阶层、地域背景均有享受接受教育和教育机会均等的权利。如果没有教育机会的均等，更不可能有教育结果的平等，但事实上，社区教育无论是在服务对象还是服务群体方面，均存在机会上的不均等问题。具体而言：第一，社区教育参加者老年人居多，而青少年偏少。在 2017 年的一份调查数据中显示，在受访参加过或正在参加社区学习的 105.63 万人中，78.36% 的人是老年人，青少年人的比例不到 10%。就现实情况看，我国社区教育服务比较偏向于老年教育，而针对青少年学习需求的社区教育产品不够丰富。当然，部分原因是工学矛盾的存在，使得青少年，特别是青年人没有更多的时间来参与社区学习。第二，社区教育服务对象主要聚焦在那些有闲暇时间以及经济条件较好的群体，而对产业工人、农民、农民工的教育培训服务相对较弱。在这个过程中，有部分社区教育服务项目的覆盖面还比较窄，无法实现对全部人口的覆盖，特别是流动人口以及弱势群体。此外，一些社区教育机构开展的教育服务水平比较低，主要是以简单的技术技能培训为主，所以没有足够的吸引力。还有一些针对经济条件较好的群体开展的收费教育服务项目，其普惠性不强。第三，相同的群体因为收入、社会阶层的差异，给社区教育机会享有带来现实的不均等。就老年群体而言，机关事业单位退休人员、城镇普通退休职工以及农村老人之间的养老金收入差异较大，导致接受社区教育服务的机会不均等。正如有学者指出的，我国社区教育的服务还是集中在大中城市那些有闲又有钱的人群，那些整日为生计奔波、忙于工作或是社会边缘群体依然没有进入社区教育的视野。

（2）国外经验对我国的启示

①构建社区教育均衡化发展标准体系

制度建设既是推进基本公共服务完善的重要保障，也决定了社会成员是否享受到服务机会均等。对于社区教育而言，服务的标准化体系既是制度建设的重要内容，也是推进服务均等化发展的基础和前提。具体而言：第一，确立社区教育服务的范围和责任分工标准。对于社区教育服务，通过该项标准要明确哪类服务应该是由政府承担和供给的，哪类服务应该是由市场承担和负责供给的，哪类服务是由社会组织来承担和供给的；对于市场提供的社区教育服务政府如何补贴；等等。第二，明确社区教育服务的实施标准。这项标准是社区教育服务得以开展的现实基础，包括每个社区教育机构的师资配置问题，包括专职教师编制、学历要求、专业水平要求、业务能力要求等具体标准；还有社区教育服务志愿者配置问题，包括志愿者登记、培训、日常管理、服务规范、考核评价以及奖惩措施等；还包括社区教育资源配置的具体标准，包括教育机构布局与社区、社区人口密度的关系，服务的方式、内容与形式等标准。第三，明确社区教育服务的保障标准，主要包括软硬件设施建设标准、信息化与数字化标准等。第四，明确社区教育服务的绩效考核标准，包括投入类指标和产出类指标之间的考核、服务总量指标的确定、人均指标的分配等。此外，在针对每一个具体服务项目的时候，也要制定具体的指标体系。从上述分析可知，建立一套开放性、客观性、综合性、具体性的社区教育服务标准，能够明确社区教育服务的绩效管理模式，也能够比较直观地看到社区教育服务区域、城乡、群体之间的差距，对于提升社区教育服务的均衡化发展具有直接的推动作用。在制定社区教育服务标准体系的时候，各地要避免盲目性和随意性，必须根据区域范围的经济社会发展状况和社区教育发展实际来确定，并随着经济社会发展水平的提升而不断进行动态调整。

②健全社区教育均衡化的公共财政投入机制

具体而言：第一，要不断加大中央财政的转移支付力度，实现区域、城乡之间的社区教育财力资源均衡。对于我国而言，区域、城乡之间发展的差异是极为明显的。虽然中西部地区及边远地区的经济发展水平不高，地方财政汲取能力有限，社区教育的发展水平和服务能力也比较低，但是这些地区的民众对社区教育的需求更大，他们迫切需要社区教育服务的覆盖来给他们的就业和生活带来改变的机会。由此，中央财政要加大转移支付力度，特别是要向西部地区、民族地区、边远地区、农村地区倾斜。当然，在转移支付过程中，还需要充分考虑到上述地区的经济发展水平和人口密度，对各地的财政汲取能力和支出水平进行合理的测算，避免转移支付的过度主观造成新的不均等。第二，要不断优化和调整省级转移支付的比例和结构。省级财政的转移支付也是极为重要的，通过调整和优化省级财政转移支付的结构和比例，重点支持社区教育发展的薄弱地区以及关系到重大民生问题的社区教育项目，进而不断提升城乡之间、地区之间的社区教育服务均衡化水平。分税制改革之后，基层政府的财权小而事权大的局面并未改变，在省域范围内有必要实施财权下放和财政下沉，特别是要保障基层政府能够没有任何损耗地获取中央、省级财政针对社区教育的转移支付专项资金，保证做到专款专用。就社区教育经费投入机制而言，迫切需要改变由区县财政支持的做法，应该改为由省级财政统筹支持，加大省级财政对区域范围社区教育服务的责任力度，并构建省级财政统筹支持的监督机制，不断提升社区教育经费的使用效率，切实提升社区教育服务的均等化发展水平。

③构建政府主导、多元主体参与的社区教育均衡化服务供给体系

社会大众对社区教育服务需求是实现其服务均等化的方向标，政府能够洞悉社会大众的基本需求是实现社区教育服务均衡化的前提条

件。由于体制问题，我国在相当长的一段时间内，政府是基本公共服务的唯一供给者，社区教育服务也是如此。这种供给体系造成了政府对于社会大众对社区教育的需求和偏好不能很好地掌握，导致其在供给过程中出现一定的供需失衡的情况，供给的盲点和空白区比较多，而有些地方则是供大于求。在现实中，由政府作为唯一的社区教育服务供给者造成了很多资源的浪费：一些新建的社区教育场所和设施无法得到充分利用；而在中西部以及部分农村地区，学习场所和基础设施缺失，无法满足社会大众的需求。可见，如果社区教育服务的供给主体完全由政府掌控，也有一定弊端。在国外，社区教育服务的供给主体也是多元化的。应构建政府主导下的多元主体参与的社区教育服务供给体系，逐步推动多元化、民主化、合作化的服务框架形成，进而不断满足社会大众对社区教育服务的需求。具体而言：第一，要明确各级政府在社区教育服务供给体系中的主导责任。在多元化主体参与的服务供给体系中，政府始终担负主导责任，这既是根本，也是政府义务所在。政府主导责任主要体现在两个方面：一方面，政府在筹资过程中担负主导责任，各级政府始终要保持一定比例的公共财政投入；另一方面，各级政府还需要发挥政策鼓励、引导的功能，吸引社会力量、市场主体参与社区教育服务的筹资体系，进而构建多元化的经费投入机制。对于积极参与的企业、个人或组织，政府应该给予减免税收、发放补贴等奖励，激发社会力量参与筹资的积极性。第二，构建多元主体在参与社区教育服务体系中的竞争与合作关系机制。政府是主要供给者，是主体，但也不能排斥其他供给者的参与。政府应该适当让渡一定的权力空间，与其他供给主体建立良好的合作关系。此外，政府还可以采取购买社区教育服务的方式来鼓励其他社会力量的参与，鼓励各个参与主体之间的适当竞争与必要合作，为它们之间的竞争与合作提供政策和制度保障，进而不断提升社区教育服务的质量、拓展社区教育服的空间[①]。

（二）实现社区教育均衡发展的路径探索

社区教育均衡的最终目标是为了合理配置社区教育资源，办好每一所社区教育学校，从而实现全体居民自由全面的发展。为实现这一目标，我们必须从以下几方面着手：

1. 社区教育政策应坚持公平理念，确立有层次的均衡目标

第一，社区教育政策应坚持社区教育公平理念。梅志里主张恢复国家主义在社会政策中的活力，提出国家是民众福利的最主要提供者或行为人，并用安全网的形式保障特殊社会群体的利益。教育福利从属于社会福利，意味着在社区教育领域，不同地区、不同阶层的居民都应享有平等的社区教育服务，同时重点关照弱势群体的利益[②]。罗尔斯在《正义论》中曾提出自由平等、公正平等、差异和效率的正义原则，在社区教育政策制定上，应当保障所有居民的受教育机会，同时对欠发达地区的社会群体进行补偿，实现该群体利益的最大化。

第二，社区教育政策应确立有层次的均衡目标。社区教育均衡是一个长期的、动态的发展过程，需要分阶段才能实现。均衡发展政策可以将发展目标可分为三个层次：第一个层次是实现所有地区居民受教育机会的均衡，普及社区教育学校。对于发展薄弱地区，国家加大财政投入和补贴力度，同时把发展社区教育作为政府部门工作考核标准，确保社区教育学校的全覆盖。第二个层次是实现社区教育机构设施和师资均衡。以社区教育硬性和软性资源的合理配置为目标，实现我国不同地区、城乡间社区教育机构的条件均等，关注社区教育过程

---

① 李燕．国外社区教育均衡化发展的经验及其价值 [J]. 继续教育研究，2019（4）：88—95.

② 安东尼·哈尔，詹姆斯·梅志里．发展型社会政策 [M]. 北京：社会科学文献出版社，2006：15—16.

公平与均衡。第三个层次是实现我国社区教育质量均衡。在缩小各地社区教育发展水平差距的同时，各社区教育机构基于本社区文化风俗，开发特色课程资源，打造社区教育品牌，实现内涵式发展与特色发展。

目前我国发达地区正在实现第二、第三层次均衡目标。对于欠发达地区，应以实现第一层次目标为主，坚持广覆盖的需求导向原则，为居民提供接受社区教育的基本机会。另外，各级政府应明确社区教育均衡目标要求，将其分解和细化。国家层面重点明确社区教育均衡发展整体目标，对西部地区、农村地区予以倾斜；省级层面重点明确省内的各市（县）社区学院均衡发展目标；县级层面重点推进县域内街道（乡镇）级和村（居）级社区教育机构的均衡，并将其纳入经济社会发展统筹规划之中。同时，还应建立社区教育均衡发展水平的评估和监测机制，加强对社区教育均衡发展水平的监测，及时对发展目标进行调整，并将均衡发展目标的完成情况作为各级政府相关部门的考核依据。

2. 构建社区教育均衡发展标准框架

按照社区教育均衡发展的目标要求，经济社会发展情况以及社区教育发展的实际情况，在参考翟博教育均衡发展指标体系的基础上[①]，我们将从教育机会、教育资源配置和教育质量三个维度尝试构建社区教育均衡发展的标准框架。

社区教育均衡发展标准框架从教育机会、教育资源与教育质量三个维度展开，共有10个一级标准和20个二级标准。受篇幅所限，这里只列出了一级和二级标准，实际上，在二级标准下还可进一步细化至三级，甚至四级指标。如地区间社区教育机构覆盖率差异可细分为东部、中部和西部的社区教育机构（社区学院、社区学校和社区教育学习点）覆盖率差异。此外，还可计算地区内各省份社区教育机构覆

① 翟博．教育均衡发展：理论、指标及测算方法 [J]. 教育研究，2006（3）：20—26.

盖率差异，了解地区内社区教育均衡程度。城乡社区教育机构覆盖率差异可细分为城市和农村地区的社区教育机构覆盖率差异。地区间、城乡间，居民社区教育参与率差异可以细分性别、经济收入水平、年龄层次和受教育年限。可以从初中 / 职中、高中 / 高职、专科、本科和研究生这几种层次入手来了解地区间、城乡间，社区教师（专兼职）的学历结构差异情况。再如，社区教师职称结构差异可以从无职称、初级职称、中级职称、副高职称和正高职称这几个方面分析。社区教育质量的满意度可从居民对社区教育不同资源利用情况、社区教育课程的组织与实施、社区教育教学手段和师资来了解。社区教育对居民素养的提升度也可从居民的自我发展（身心健康、自我管理、学会学习与创新）、人文修养（道德品质、语言与交际、科学技术与信息技术、审美与人文）、社会参与（公民社会责任、国家认同）等方面分析。表 1 中 20 个二级标准均用差异系数表示（社区教育质量的满意度差异和社区教育对居民素养的提升度差异需要先用等级评定法获取相关资料，根据选项赋予的分值进行数据的统计和整理，然后再计算差异），在计算每个标准的差异系数后，编制社区教育均衡发展指数。社区教育均衡指数的编制可借鉴翟博教育均衡指数的编制过程[①]，即首先是确定参与率、设备设施达标率等的最大值和最小值，并将其转化为在 0—1 之间取值的形式，再对照上述框架界定的分类标准，将 20 个标准按照教育机会均衡、教育资源均衡和教育质量均衡这三个方面分别做简单平均，得出 3 个一级标准的均衡发展指数。在计算一级标准的均衡发展指数时，可借鉴 UNDP 有关人类指数的计算方法[②]。均衡指数数值越大，说明社区教育均衡程度越高。

---

① 翟博．教育均衡发展：理论、指标及测算方法 [J]. 教育研究，2006（3）：20—26.
② 翟博．教育均衡发展：理论、指标及测算方法 [J]. 教育研究，2006（3）：24.

表 1　社区教育均衡发展标准框架

子领域	一级标准	二级标准
教育机会均衡标准	社区教育机构覆盖率差异情况	地区间社区教育机构覆盖率差异
		城乡间社区教育机构覆盖率差异
	居民社区教育参与率差异情况	地区间居民社区教育参与率差异
		城乡间居民社区教育参与率差异
教育资源配置均衡标准	人均社区教育经费差异情况	地区间居民人均社区教育经费差异
		城乡间居民人均社区教育经费差异
	人均社区教育机构建筑面积差异情况	地区间居民人均社区教育机构建筑面积差异
		城乡间居民人均社区教育机构建筑面积差异
	社区教育机构教学设备设施差异情况	地区间社区教育机构教学设备设施差异
		城乡间社区教育机构教学设备设施差异
	图书资料人均占有量差异情况	地区间社区教育机构图书资料占有量人均差异
		城乡间社区教育机构图书资料占有量人均差异
	社区教育机构教师学历结构差异情况	地区间社区教育机构教师学历结构差异
		城乡间社区教育机构教师学历结构差异
	社区教育机构教师职称结构差异情况	地区间社区教育机构教师职称结构差异
		城乡间社区教育机构教师职称结构差异
教育质量均衡标准	居民对社区教育质量的满意度差异情况	地区间居民对社区教育质量的满意度差异
		城乡间居民对社区教育质量的满意度差异
	社区教育对民居素养的提升度差异情况	地区间社区教育对居民素养的提升度差异
		城乡间社区教育对居民素养的提升度差异

3. 实现社区教育经费与设备设施均衡

（1）实现社区教育经费均衡

社区教育经费是开展社区教育的物质基础，社区教育的公共产品属性决定了社区教育经费投入主体应当是国家，因此，政府应运用公共财政政策和手段保障社区教育经费均衡投入。社区教育经费在全国范围内要做到配置均衡需要考虑如下几点：

第一，制定社区经费投入标准。明确各级政府提供社区教育服务的财政职责。斯蒂格勒指出，地方政府在区域内能有效配置资源，但中央政府有利于实现区域间资源配置的有效性和公平性①。中央政府应加大中西部地区的社区教育经费财政转移支付力度；加强省级统筹，对于各省县域间的社区教育经费投入，由省级政府根据管辖区域内的实际情况拨付，并对老少边穷地区增加补贴；在县域内，则以社区教育入学数为标准，实行社区教育均等化拨款制度，并适当向农村社区倾斜。同时，建立发达地区的省（县）对欠发达地区省（县）的“一对一”帮扶机制，发挥地方财政横向流动与支援的作用，缩小地区间社区教育发展差距。

第二，建立并完善特殊地区或群体的社区教育经费投入制度。基于罗尔斯最少受惠者利益最大化原则，建立发展薄弱地区的社区教育专项经费制度，由省级及以上政府负责，保障发展薄弱地区民众的教育福利；国家也应设立面向特殊群体的经费拨款制度，确保残障人士、外来务工人员、转岗待业人员、家庭主妇等享有针对性的教育服务，保障这部分人的教育培训权。

第三，实行城乡有别的经费投入机制。农村社区需更多地依靠政府财政力量来保证社区教育服务供给与居民的教育权益，因此，在对农村社区教育进行财政拨款时，可以根据农村地区贫困程度进行差异拨款，如国家级贫困区由中央政府和省级政府共同设立社区教育专项经费。城市社区教育除了政府资助外，还可通过市场机制和非政府组织力量进行筹资，因此，相对于农村，城市社区教育的筹资渠道更为

① 谭娅．对我国专项转移支付改革的研究 [D]. 北京：财政部财政科学研究所，2014.

多元，更要发挥多主体的力量去保障社区教育资金投入。

（2）实现社区教育设备设施均衡

制定东中西部地区社区教育设备设施标准化建设的基本标准，即“低保线”，要求所有社区教育机构都要达标，统一各地区社区教育硬件条件的标准，保证各地区的社区教育机构享有同等的硬件条件。对于暂时不能达到规范化标准的落后地区，国家应无偿提供。此外，还可以实行学区化管理，实现学区范围内社区教育设备设施的共享。以县（区）为大学区单位，县（区）社区教育学院为龙头，街道（乡镇）社区教育学校为主干，划分多个学区，共享设备设施资源。

4. 多方面推进社区教育师资均衡

师资是影响社区教育质量的重要因素。总体来看，现有师资较难满足社区居民学习需求。应通过公共财政保障教师工资，健全师资流动和管理制度。

（1）建立社区教育教师工资保障制度

胡森教育大百科全书中指出，影响一国教师供给的关键决定因素在于教师行业的工资水平高低与工作条件的好坏①。因此要实现社区教育师资均衡，工资保障要先行。具体而言，应做到在同一区域内实行城乡无差别的社区教育教师基本工资待遇，即同级别的社区教育教师同工同酬；建立发展薄弱地区社区教育教师工资转移制度，由省级及以上政府负责工资发放；增加边远地区社区教育教师的津贴和补助。

（2）健全社区教育教师流动制度

实现区域内部、区域间社区教育教师这一公共资源的流动与共享。可通过县域内社区教育骨干教师在社区教育机构间巡回授课、流动教学、区（县）及街道（乡镇）的社区教育教师到基层学习点进行一定

---

① T. 胡森，T.N. 波斯尔斯韦特 . 教育大百科全书教育经济学 [M]. 重庆：西南师范大学出版社，2011：390.

时期的任教服务、基层社区学习点的教师到街道（乡镇）和区（县）社区教育机构学习等多种方式进行。另外，形成城乡社区教育的帮扶机制，通过建立捆绑式发展机制，实行教师互动来提高农村社区教育的教师质量，实现城乡社区教育师资均衡。教师流动形式应把政府干预、社区学院自发与教师自主相结合。政府为社区教育教师流动创设有序、有保障的制度环境，并提供一定经费，普通级别的社区学院教师可以自发去级别高的社区学院学习。

（3）建立县管校用、统筹安排的社区教育教师管理制度

我国主要通过专任制、委派制、招聘制、聘请制、自愿制等招聘社区教育教师，导致其人事、户籍等管理权分割在多个部门手中，教师若想在地区间流动也较为困难。因此，可以把教师的管理权限从校收回到县（区），再由教育行政部门统一配置，而将教师的使用权归于社区教育学校。县教育局根据社区教育机构的上课人数，教师的学历结构、职称结构等对社区教育机构下达交流指标，统筹安排教师，教师再通过竞争上岗、科学定编参与社区教育。这种做法改变了社区教育教师归属，社区教育教师由单位人转变为系统人，有利于促进社区教育教师管理的规范化与科学性，实现师资均衡[①]。

（三）株洲市社区教育均衡发展的机制研究

课题组致力于在二元结构下研究株洲市社区教育均衡发展的机制。中国的“城乡二元”，不仅是指城乡二元经济结构，也是城乡二元社会结构，同时也体现了城乡关系的二元性，农村附属于城市。这种制度设置把城市与农村人为分割，使得非农业户口附带了各种特权和福利，形成了城乡不对等的二元经济社会结构。二元结构下的制度设计，

---

① 李明旭，邵晓枫．我国社区教育均衡发展：问题与改革路径 [J]. 职教论坛，2020（7）：121.

给城市和农村之间带来重重壁垒，比如劳动用工制度、社会保障制度、户籍制度等。要消除二元结构的影响，就要打破这些壁垒，株洲社区教育的经验可以借鉴。

1. 构建社区教育均衡化发展层级网络联动机制

株洲社区大学在二元结构下构建了社区教育均衡化发展层级网络联动机制。

让城市和农村的社区教育深度融合，形成城乡一体化的层级网络联动机制，构建教育资源共建共享的运行模式，改善农村社区教育资源的供给。首先，市级层面统筹规划建立社区教育实验区、示范区，并将较好的实验区和经验认真地归纳整理，让好的典型做法和经验得以推广。其次，由于城乡功能定位、经济发展水平和特点不同，市级层面必须因地制宜，通过市—县（市、区）—街道（乡镇）—社区（村）分层级指导，发挥网络联动作用，建立长效的对口帮扶机制。再次，市级社区教育机构可以发挥自身资源优势，采取征集、创建、互换等方式整合教学资源，建立全区域的社区教育师资库和课程资源库，将优质师资和课程资源通过网络平台、讲师团送课下基层等方式对农村社区进行帮扶。最后，地区社区教育应结合当地实际，向社区教育示范区借鉴经验，努力开发自身教育资源，推出具有本社区特色的教育活动。

近年来，株洲市终身教育和学习型社会建设不断发展，先后出台了《关于推进终身教育和学习型社会建设的实施意见》《关于进一步推动社区教育发展的意见》，成立了由市委、市政府领导担任正副组长，相关局委办为成员单位的全市终身教育和学习型社会建设领导小组。目前，株洲市按照“城区先行，乡村跟进”工作思路，以市社区大学为龙头，区县社区学院为骨干，加大社区学校和社区学习中心建设力度。

各部门和社会群团组织互联互动，开展了全民终身学习活动周、社区教育实验区建设，中小学教师进社区、志愿者进社区等专项活动，重视开发课程资源，开设了“惠民大讲堂”“网络课堂”和“社区课堂”，打造了社区教育品牌活动，鼓励职业学校积极开展面向企业、社区和农村的各种培训活动，探索了“数字化社区”和“网络在线学习”建设，共同推进终身教育和学习型社会，助推株洲发展升级。如芦淞区社区学院2017年在区政府的帮扶下，为服务政府重点工作，围绕“家文化”，推出了社区教育之社区文化建设项目“幸福芦淞·家文化”建设。历经四年，让“家文化”走进千家万户，以家庭小气候温润社会大生态，推进幸福芦淞建设，在培养亲情、稳定社会、处理矛盾、教育后代、和睦家庭等方面取得了良好的效果，为社区居民提供“全员、全程、全方位”教育服务，受到社会一致好评，成为新型社区发展典范。

株洲市的社区教育主要依托株洲广播电视大学开展并推进实施。株洲广播电视大学积累了40年远程开放教育的系统网络优势，有着线上线下相结合的特色教育模式，以及由专兼职教师和成人学生志愿者组成的人力资源优势，再加上现代化的教学设施和丰富的教学资源作为后盾，充分具备了服务和指导全市社区教育的现实条件。株洲广播电视大学还于2010年10月挂牌株洲市社区大学和株洲市终身教育服务指导中心。三块牌子一套人脉，合署办公，是株洲市委、市政府举办的开展社区教育、推进终身教育体系建设的教育机构，在市终身教育和学习型社会建设领导小组的领导下，接受市教育局管理和省终身教育服务指导中心的指导。

湖南省教育厅等九部门于2019年3月1日印发的《湖南省教育厅等九部门关于进一步推进社区教育发展的实施意见》中，对社区教育机构的四级网络构架予以肯定，并要求通过整合资源，建立健全社区教育机构的四级网络。

株洲市构建社区教育均衡化发展层级网络联动机制具体做法是：

构建以市社区大学为中心、县（市）、区社区学院为龙头，街道（乡镇）社区学校为骨干，社区（村）学习中心为基础的社区教育机构四级网络。经过多年的实践，四级网络运行机制良好，对周边城市开展社区教育起到了示范带头作用。

目前，株洲市有社区学院 10 个，社区学校 68 所，社区学习中心 147 个，全市从事社区教育人员共计 2218 人，其中专职人员 8 人，兼职人员 896 人，志愿者 1314 人。如表 2 所示。

表 2　株洲市社区大学系统社区教育机构及专兼职人员统计表

（截至 2021 年 11 月 11 日统计）

社区学院情况		社区学校数量（个）	社区学习中心数量（个）	专职人员数量（个）	兼职人员数量（个）	志愿者数量（人）
社区学院名单	社区学院数量（个）					
芦淞区社区学院	1	8	69	8	106	358
芦淞区社区学院	1	9	0	0	71	110
芦淞区社区学院	1	6	10	0	169	137
芦淞区社区学院	1	6	30	0	92	144
石峰区社区学院	1	1	1	0	80	49
云龙示范区社区学院	1	3	7	0	2	140
天元区社区学院	1	7	14	0	125	82
攸县社区学院	1	14	10	0	112	115

续表

社区学院情况		社区学校数量（个）	社区学习中心数量（个）	专职人员数量（个）	兼职人员数量（个）	志愿者数量（人）
社区学院名单	社区学院数量（个）					
茶陵县社区学院	1	1	6	0	114	115
炎陵县社区学院	1	15	0	0	25	45
合计	10	70	147	8	896	1314

根据《教育部等九部门关于进一步推进社区教育发展的意见》和《湖南省教育厅等九部门关于进一步推进社区教育发展的实施意见》，结合当地均衡化发展实际情况，株洲市还对社区教育机构四级网络的具体职责进行了明确。

（1）社区大学

株洲市社区大学统筹指导全市社区教育工作的开展，负责全市社区教育工作的总体策划，全市社区教育总体方案和相关制度的设计和制定，与各级相关部门的联系和协调，社区教育的宣传和推广，师资队伍建设和管理人员的培训，终身教育网络平台上的教学资源建设，社区教育的理论研究，以及指导创建社区教育示范区等工作。

（2）社区学院

社区学院是各县（市）区开展社区教育的龙头，是由县（市）、区人民政府举办的开展社区教育的教育实体，在县（市）区终身教育和学习型社会建设领导小组领导下，归口县（市）区教育局管理，接受株洲市社区大学指导。社区学院原则上应在整合当地电大工作站或教学点、教师进修学校、中等职业学校的基础上组建，实行“数块牌子、一套班子”的管理体制，并逐步过渡为具有独立法人资格的事业单位。有条件的县（市）区可以单独设立。社区学院具体负责社区大学和相关部门下达的培训任务，社区教育志愿者队伍的建设，课程的开发及相关教学资源的整合、建设，针对社区学校的业务指导、协调及督查，社区教育实验区的申报和示范区的创建等工作。

（3）社区学校

社区学校是开展社区教育的骨干力量，是由街道（乡镇）举办的开展社区教育、推进终身教育体系建设的教育实体，原则上依托本辖区内的企业、部门培训中心进行建设，归口县（市）区教育局管理，接受社区学院的指导。有条件的街道（乡镇）可以单独设立。具体负责组织实施社区教育活动，应用和推广社区教育资源，举办演出、展览、比赛、讲座等群众性文体活动。

（4）社区（村）学习中心

社区（村）学习中心是社区学校为方便居（村）民学习的延伸教学点，为居民提供灵活便捷的教育服务，是开展社区教育的基础阵地，原则上依托社区（村）内文化活动中心进行建设，归口社区学校管理并接受其指导。社区（村）学习中心具体负责社区各类型的公益活动的组织和引导，社区里的先进事迹的宣传，开展面向农村失地农民、下岗失业人员、各类经营者的就业创业培训等工作。

2. 构建社区教育均衡化发展标准体系

制度建设既是推进基本公共服务完善的重要保障，也决定了社会成员是否享受到服务机会均等。对于社区教育而言，服务的标准化体系既是制度建设的重要内容，也是推进服务均等化发展的基础和前提。

第一，需确立社区教育服务的范围和责任分工标准。以株洲市社区教育服务对象为例。据统计，2021 年末，株洲市常住人口 424.65 万，与上一年基本持平，但也还是比上年末增加 1.21 万人，上涨 0.02%。从最近三年的数据来看，株洲市常住人口呈上涨趋势（见表 3）。

表 3　株洲各县市区人口统计（2019—2021 年）

年份	2019 年	2020 年	2021 年
荷塘区	30 万	30 万	30 万
芦淞区	30 万	30 万	30 万
石峰区	23.23 万	23.23 万	23.23 万
天元区	29.17 万	34.55 万	37.69 万
云龙区	11.58 万	11.58 万	11.58 万
渌口区	30 万	28 万	26 万
醴陵	105.31 万	105.23 万	105 万
攸县	79 万	80 万	80 万
茶陵	64.44 万	64.45 万	64.45 万
炎陵	16.6 万	16.4 万	16.7 万
合计	419.33 万	423.44 万	424.65 万

根据株洲市的人口基数实际情况，社区教育服务的范围较广，项目组认为，为了实现社区教育均衡化发展，在服务责任分工上应更多地向满足目前居民的需求倾斜。

第二，明确社区教育服务的保障标准。主要包括软硬件设施建设标准、信息化与数字化标准等。根据项目组对国内社区教育发展相对领先，经费投入相对充足的东部经济发达地区的江苏省，及所辖苏州市的社区教育机构建设情况的调研：江苏省全省市、县（市、区）、乡镇（街道）、村（居）全部拥有社区大学、社区学院、社区教育中心和居民学校，以江苏开放大学为龙头，以社区大学和社区学院为骨干，以社区教育中心和居民学校为基础的社区教育办学系统初步形成。到 2020 年，苏南 70% 以上、苏中 50% 以上、苏北 50% 以上的社区教育机构已达到高水平、示范性建设标准。按照江苏省的社区教育机构建设标准，社区大学、社区学院要在原有办学主体人员编制的基础上列出专门编制：社区教育中心按照不低于常住人口万分之一点五的比例配备专职教师，居民学校也配备能满足工作需要的专职和兼职管理人员：社区教育中心志愿者人数不低于社区常住人口的2%，居民学校志愿者人数不低于社区常住人口的1.5%。

根据项目组对与湖南省同为中部省份且经济发展水平相近的河南省的社区教育机构建设情况的调研：河南省的示范性县（区）级社区学院要求单独设置，建筑面积不少于2000平方米，若与其他单位共用场地，可单独使用面积不少于1/2，至少8名专职人员负责社区教育管理工作，专职教师不少于10人，兼职教师不少于40人，志愿者队伍不少于100人。而河南省示范性乡镇（街道）社区学校也要求独立设置，一般设在乡镇政府（街道办事处）所在地的居民聚集区，建筑面积不少于1000平方米，室外有宽阔的文体广场，有满足社区（街道）教育管理及服务的场所，其中数字化学习中心、图书阅览室面积不少于60平方米，文体活动室面积不少于120平方米，培训教室不少于3个，有档案资料室等其他办公、辅助用房，数字化学习中心，配备运转良好、网络畅通的电脑30台以上，配有各类教学辅助设备、现代教学设备，能满足正常教学、培训要求，各类图书3000册以上，报刊10类以上，各功能室设施设备配套齐全。同时，还要求专职管理人员按不低于街道（乡镇）常住人口万分之一点五的比例配备，最低不少于5人，兼职教师不少于常住人口万分之三，志愿者队伍人数不少于区域人口千分之三。

项目组参考了江苏省及所辖苏州市的社区教育机构建设标准，以及河南省示范性县（区）级社区学院及乡镇（街道）社区学校的建设要求，认为根据株洲市的经济发展水平和发展势态，其社区教育的基础设施及队伍的建设标准不宜定得过高，但也要有一定前瞻性，能及时满足区域内居民的受教育需求。

据此，项目组制定了株洲市各级社区教育服务的保障标准，如下（见表4）。

表 4 株洲市各级社区教育服务的保障标准

	教学场所和教学设施设备
社区大学	1. 有独立、专用的办公场所和必需的办公条件； 2. 在 8 个以上名媒体标准教室； 3. 有 4 个以上教学用标准机房； 4. 有至少 2 个多功能报告厅和 1 个课程录播室； 5. 建有满足社区居民需要的（电子）图书馆、阅览室； 6. 采用宽带或光纤上网方式接入互联网，建有终身教育网络学习平台。
社区学院	1. 有独立、专用的办公场地和必需的办公条件； 2. 有 6 个以上标准教室和 1 个以上多媒体教室； 3. 有 1 个以上教学用标准机房和 1 个多功能报告厅； 4. 在 1 个以上适应当地产业特点和教育培训需要的实习训练室； 5. 建有满足社区居民需要的图书室、同览室。并有电子图书馆和阅览室； 6. 有一定的学员活动和居民健康教育培训专用场所； 7. 采用宽带或光纤上网方式接入互联网。

目前，株洲市各级社区教育服务的保障基本符合上述标准，并各自发挥了应有的作用。

比如，作为第一级社区教育机构的株洲社区大学占地 4.9 亩，办公和教学建筑面积共 6440 平方米，教学设施设备都高于上表所列的建设标准。

作为第二级社区教育机构的芦淞区社区教育学院总面积 2785.5 平方米，占地 557 平方米，配备了多媒体报告厅、电脑室、图书室、舞蹈室，技能训练室等 20 余间功能室，可供 400 余名学员同时进行培训。另外，芦淞区各街道（乡镇）社区学校挂牌率 100%，各社区（村）社区学习中心的挂牌率 89.6%，其基础设施建设也基本符合上述标准。

作为第三级社区教育机构的芦淞区白关镇社区学校教学场地总面积约200平方米，乐器室50平方米，配备了古琴、萨克斯、唢呐、手风琴，电子琴以及音响设备；电脑室配有电脑8台；图书馆藏书10000余册，各类报刊30多种；此外还有棋牌室，会议室、多功能室，均有相应设备设施。白关镇辖区内的社区（村）的社区学习中心挂牌率高达111.1%。

第三，明确社区教育服务的实施标准。这项标准是社区教育服务得以开展的现实基础，包括每个社区教育机构的师资配置，包括专职教师编制、学历要求、专业水平要求、业务能力要求等具体标准；社区教育服务志愿者配置，包括志愿者登记、培训、日常管理、服务规范、考核评价以及奖惩措施等；社区教育资源配置的具体标准，包括教育机构布局与社区、社区人口密度的关系，服务的方式、内容与形式等标准。

目前株洲社区教育层级服务体系实施标准为：

（1）社区大学设立社区教育指导办公室、资源和信息技术中心等专门机构，要配备足够的专职教职人员，同时聘请兼职教师和志愿者。

（2）社区学院要统筹区域内各类教育机构的管理队伍和师资力量，形成一支以专职人员为骨干，兼职人员和志愿者为主体，能满足社区教育需要的管理队伍、师资队伍和志愿者队伍。要配备热爱社区教育事业、综合素质高的专兼职师资队伍，确保至少3名具有较强组织管理能力的专职管理人员，负责社区教育日常管理工作。配备掌握社区教育教学规律和特点、业多水平较高的专兼职师资队伍，其中专职教师不少于3人，兼职教师不少40人。还要建立不少于100人的志愿者队伍，实行注册制，每人每年参加志愿活动时间累积不少于24小时，教师志愿者按参加小时数记录继续教育学分。要建立社区教育管理人员、专兼职教师、志愿者培训制度，每年定期或不定期地组织开展业务培训并富有成效，有培训活动记录。

（3）社区学校要配备一支素质高、学历和专业较为合理的专兼职管理队伍，其中专职管理人员按不低于街道（乡镇）人口万分之一的比例配备，最低不少于2人，兼职管理人员若干。要组建一支有一定专业技术特长，能满足多样培训服务要求的兼职专家队伍，兼职教师不少于常住人口万分之三；组建一支素质较高、范围较广、相对稳定的不少于常住人口万分之五的社区教育志愿者队伍，对志愿者队伍实施规范管理。还要有计划、有组织地对管理人员、教师、志愿者进行培训，有培训计划和记录。

（4）社区（村）学习中心也应配备至少1名专职管理人员，负责区域内的社区教育活动组织和日常管理。考虑到管理、教学、技术、科研四位一体的人员组织结构及实际需求，专职教师的配备可采取四级网络统筹安排，资源共享，同时统筹聘请满足需要的兼职教师和志愿者。目前，株洲市社区大学共有含社区教育发展科和现代教育技术中心在内的11个内设机构，专职教师和管理人员60人，兼职教师73人。芦淞区社区学院配备了专职管理人员和专职教师共8人，每学年从教育系统选派106名教师担任社区兼职教师，建立了358人的志愿者队伍，这支高素质的专兼职教师队伍和志愿者队伍，较好地为辖区居民提供了多层次、多类型、多内容的教育服务。芦社区的白关镇社区学校也配备了8名兼职教师和15人的志愿者队伍，负责培训各种技能和指导开展文娱活动，旨在提升居民素质和幸福感。

第四，整合资源设计社区教育形式与内容。资源的整合利用无疑是衡量社区教育水平的重要评价指标。总结起来，社区教育资源可大致分为人力资源与课程资源两类。对于这两类资源的整合，可采用以下方式进行：一是对现有教育资源进行重组、改造与再分配，以实现社区教育低成本扩张与发展。发达国家已有较为成熟的经验，本文不再详细介绍。二是潜在资源的开发与整合。首先，应充分发挥辖区资源优势，与辖区相关单位结成社区教育共建关系，利用它们在师资、课程资源等方面的有利条件。其次，要积极与社会职业资格鉴定机构合作，推行社区教育职业资格鉴定工作，创新社区教育办学路子。在做好以上工作的同时，还应加强社区教育课程资源的共享建设：一是加强学习资源的数字化建设，与社会力量，特别是区域内大中专院校、中小学校合作，充分利用现代信息技术，完成社区教育课程数字化建设并实现网络共享。二是要加强网络学习平台建设，满足和保障社区成员学习的基本权利和终身学习需求，构建数字化学习平台的学习模式、服务模式、管理模式、运行机制和技术平台，满足“时时可学、处处能学、人人皆学”的泛在学习需求。

要提高社区教育参与面，就要明了影响居民社区教育参与度的因素主要集中在认识不足、形式单一和针对性不强等方面。因此，在社区教育的顶层设计阶段，应做好以下几项工作：一是广泛宣传，提高居民对社区教育重要性的认识。二是根据区域内居民的工作特点和学习、培训需求，灵活设置学习方式、开设针对性较强的社区教育课程。如举办与居民生产生活相关的知识讲座及短期培训班、现代科技知识和应用性技能讲座。三是加强社区教育的认证工作。培训结果认证是对培训效益的直观反映，也是居民参与培训的现实需求，社区应联合相关职业鉴定单位，在培训结束后颁发相关的社会承认的资格证书，这也是提高居民参与社区教育程度的有效手段。

第五，明确社区教育服务的绩效考核标准。包括投入类指标和产出类指标之间的考核、服务总量指标的确定、人均指标的分配等。此外，针对每一个具体服务项目，也要制定具体的指标体系。从上文分析可知，建立一个开放性、客观性、综合性、具体性的社区教育服务标准，能够明确社区教育服务的绩效管理模式，也能够比较直观地看到社区教育服务区域、城乡、群体之间的差距，对于提升社区教育服务的均衡化发展具有直接的推动作用。

株洲在社区教育服务的绩效考核标准上建立了督导评估机制。把社区教育列入各县级政府教育工作年度考核和各地区推进教育现代化的重要内容，作为教育督导和教育现代化监测的重要内容，每年对所辖区域社区教育工作进行检查，成立考核组，对四级网络建设工作进行考核评估。比如株洲市芦淞区出台了《关于推进终身教育和学习型社会建设的实施意见》等纲领性文件，建立了社区教育督导评估制度和社区教育工作目标管理制度。另外。株洲市还逐步建立起社会第三方对社区教育发展的评价与反馈机制，定期开展社区居民对社区教育满意度的测评。

3. 构建政府主导、多元主体参与的社区教育均衡化服务供给体系

社会大众对社区教育服务需求是实现其服务均等化的方向标，政府能够洞悉社会大众的基本需求是实现社区教育服务均衡化的前提条件。由于体制问题，我国在相当长的一段时间内，政府是基本公共服务的唯一供给者，社区教育服务也是如此。这种供给体系造成了政府对于社会大众对社区教育的需求和偏好不能很好地掌握，导致其在供给过程中出现一定的供需失衡的情况，供给的盲点和空白区比较多，而有些地方则是供大于求。可见，如果社区教育服务的供给主体完全由政府掌控，也有一定弊端。因此必须构建政府主导下的多元主体参与的社区教育服务供给体系，逐步推动多元化、民主化、合作化的服务框架形成，进而不断满足社会大众对社区教育服务的需求。

具体而言，要明确各级政府在社区教育服务供给体系中的主导责任。在多元化主体参与的服务供给体系中，政府始终占据主导责任，这既是根本，也是政府义务所在。政府主导责任主要体现在以下几个方面。

①健全社区教育均衡化的公共财政投入机制

政府在筹资过程中占据主导责任，各级政府始终要保持一定比例的公共财政投入，要不断加大中央财政的转移支付力度，实现区域、城乡之间的社区教育财力资源均衡。对于我国而言，区域、城乡之间

发展的差异是极为明显的。株洲社区教育按照“政府拨，社会筹、单位出、个人拿”的办法建立多渠道投入的经费保障机制，加大对社区教育的支持力度，不断拓宽社区教育经费来源渠道。各级政府按照公共财政的要求，将社区教育机构建设、运行的经费纳入财政预算。项目组参考了江苏省的社区教育经费标准。各县（市）区政府对社区教育的财政拨款按常住人口测算，每年人均社区教育经费：苏南不低于4元、苏中不低于3元、苏北不低于2元，并逐年有所提高，现行标准高于4元的地区仍按现行标准执行，如苏州市的人均社区教育经费为7元。项目组再根据株洲市2018年的GDP（2580.4亿元）和人均GDP（6.4万元）情况，认为应按辖区人口总数每年人均1—2元标准实行财政单列，由县（市）区教育局统一安排，落实到位，并根据实际情况逐步增长。如株洲市芦淞区已按每年人均2元的标准设立了社区教育专项经费。另外要单列社区教育机构建设专项经费，对社区学院、社区学校、社区（村）学习中心达标单位予以奖励。推动社区教育服务社会化，探索通过政府购买、项目外包、委托管理等形式，吸引行业性、专业性社会组织和民办社会工作服务机构参与社区教育。鼓励社会资本通过兴办实体、资助项目、提供设施、设立社区教育基金等方式支持社区教育发展。鼓励自然人、法人或其他组织捐助社区教育或举办社区教育机构，并依法享受有关政策优惠，鼓励家庭及个人增加终身学习投入。

②加强城镇化建设中社区教育均衡化的宏观规划

近年来，株洲市作为国家新型城镇化试点地区，城镇化水平正在迅速提高。将城镇化和社区教育两者联系起来进行深入探讨和研究，可以拓展社区教育的内涵，有利于社区教育自身的不断发展，并建立和规范城镇化进程中社区教育管理体制和运行机制，使社区教育管理和运行规范化、科学化；从而推动社区教育工作向更高的水准和更深的层次发展，全面提高人的素质，建设学习型城区，促进城镇化后社会经济的可持续发展。

社区教育均衡化发展在城镇化进程中具有不可替代的作用，社区为城镇化建设创造了承接社会变迁的载体，是城市管理创新的基础平台，社区教育作为城镇化建设的文化支撑，是社会全面教育、是社区全民教育、是公民全程教育，是创建学习型社会的重要手段，必须坚持政府统筹。所以，在城镇化建设规划中，政府应开展社区教育工作的指导，明确社区教育均衡化建设工作的意义和地位、指导思想和总体目标、主要任务和基本教育模式等，规范社区教育工作中的政府主体地位和相关责任，明确各级政府开展社区教育均衡化建设的检查考核标准，以此明确社区教育的重要地位，确保其与经济建设同步发展，方能巩固城镇化建设成果。

③加强社区教育均衡化的保障机制

一是政策保障。各县（市）区要将社区教育和社区教育机构建设工作纳入政府工作目标和经济社会发展整体规划，进一步明确职责，强化责任，促进社区教育工作健康发展。比如株洲市芦淞区以区教育局为主导，制定了芦淞区社区教育发展规划，明确了工作模式和工作思路，全力开展社区教育体系建设，全区 100% 的街道（乡镇）建立了社区学校，100% 的社区（村）成立了社区学习中心，建立了 21 个社区少年宫，提升了社区学院的教育功能。

二是队伍保障。社区队伍需保持数量均衡，能够覆盖不同的城乡社区。社会教育的教师类型多样，不仅有专职、兼职教师，还有社会教育志愿者和管理者。此外，还建立了完整的社会教育教师职前培育体系和职后进修体系，保持了职前和职后的衔接，在薪资待遇等方面保持与其他教育领域的教师大致相同。按照社区大学、社区学院和社区学校专职管理人员和专职教师实际人数及工资标准足额安排人员经费，通过公开招聘择优进入、政府购买服务等方式，不断充实社区教育师资力量。切实保障社区教育专职教师在专业技术职务评聘，专业技术考核、福利待遇、表彰奖励等方面的权利。研究制定社区教育教师职称（职务）评聘条件和评聘办法，在中小学和中等职业学校教师职称系列中，分别单独设立社区教育学科组，并邀请社区教育工作方面专家参与评审，畅通社区教育工作者职称评审渠道。

此外，政府还可以通过购买社区教育服务的方式来鼓励其他社会力量的参与，鼓励各个参与主体之间的适当竞争与必要合作，为它们之间的竞争与合作提供政策和制度保障，进而不断提升社区教育服务的质量和拓展社区教育的空间。

在制定社区教育服务标准体系的时候，要避免盲目性和随意性，必须根据区域范围的经济社会发展状况和社区教育发展实际来确定，并随着经济社会发展水平的提升而不断进行动态调整。

九、成果应用推广与受益面及社会影响

由于项目研究和实验的推动，通过对实现社区教育均衡化发展的路径探索，以及对株洲市社区教育均衡发展的机制进行样本构建，已取得成果如下：

1. 株洲社区教育已形成网络联动机制

截至 2020 年 11 月，株洲市共有社区大学 1 个，社区学院 10 个，社区学校 70 所，社区学习中心 147 个。

2. 株洲社区教育已形成社区教育均衡化发展标准体系

逐步建设完善社区教育均衡化发展标准体系，在社区教育经费保障、社区教育教学设备规范化建设、社区教育师资均衡发展方面取得了明显成效，为实现社区教育结果均衡奠定了坚实基础。全市从事社区教育人员达到 2218 人，其中专职人员 8 人、兼职人员 896 人、志愿者 1314 人。

广泛开展学习型乡镇（街道）、学习型社区、学习型家庭等各类学

习型组织创建活动，促使株洲市教育行政部门、终身教育服务指导中心于2020年至2021年开展了百姓学习之星、优秀学习团队、学习型家庭、终身学习品牌项目的评选活动。鼓励和引导社区居民自发组建形式多样的学习团队、活动小组等学习共同体，实现自我组织、自我教育、自我管理、自我服务，不断增强各类组织的凝聚力和创新力。

项目研究推动各类学习型组织与学习共同体建设，推动学习型城市建设，共计发放创建经费20万元，创建活动中社区自身投入经费大约在200万元左右，受益居民达到20万人以上，产生了积极的社会效果，获得省级表彰。

十、问题与展望

株洲市地处湖南省东部，是国家老工业基地，同时也是“长株潭”两型社会综合改革配套试验区的重要一极。同时，株洲市作为国家新型城镇化试点地区，依据《国家新型城镇化综合试点方案》株洲市正加快推进新型城镇化试点工作，株洲的东部新城、云龙示范区、清水塘地区将作为“综合推进体制机制改革创新”的试点，株洲县撤县设渌口区、攸县或升级为攸州市，近两年还将适时设置一批人口在10万以上的乡镇……这些重点工作的推动，大大提高了株洲市的城镇化水平，对社区教育均衡发展的需要也更加迫切。

株洲社区教育起步晚、底子薄，社区教育发展水平差异明显，农村地区许多地方尚未实现社区教育基本均衡，导致株洲社区教育总体呈现发展不均衡的局面。株洲社区教育失衡主要表现在社区教育机会失衡、投入及机构设施失衡、社区教育师资失衡、社区教育结果失衡几个方面。

株洲市建设发展中社区教育均衡发展还需要解决的问题有：（一）城镇化进程与社区教育均衡发展不协调。在我国城镇化进程迅猛发展的大背景下，株洲市郊农村基础设施建设步伐加快，农村面貌焕然一新。然而，在城镇化建设中，由于对新型城镇化与社区教育内在关系缺乏思考，尤其未能意识到社区教育是推进新型城镇化的基础、核心和关键所在，因而在新型城镇化中没有充分认识到城镇化进程中大力开展社区教育的重要性与紧迫性，过度重视硬件建设忽视软件发展，没有将社区教育放在相应位置上加以统筹考虑和整体规划，导致城镇化建设与社区教育不能协调发展。（二）居民社区教育参与度不高。通过问卷调查发现，由于对农村社区教育的重要性缺乏足够的认识，居民对当前农村社区教育不认同，对目前已开展的社区教育的内容、设施、场地、学习效果不满意。同时，由于居民自身的观念和认识问题，对终身学习、终身教育、社区教育等理念的认识不深刻，没有看到农村社区教育的发展对提高自身素质和改变其自身生活状况等方面的巨大影响，导致其社区教育的参与度不高。归根结底，还是因为当前社区教育学习内容和学习形式的针对性和实用性不强，使得城镇化过程中的农村社区教育不能真正成为适合农村城镇化转型中居民发展的特点和满足其实际需求的教育。（三）社区教育资源不足。社区内能够用于社区教育活动的一切人力、物力、财力和文化资源的总和可称为社区教育资源。目前，在城镇化建设进程中的地区，一般地处农村，普遍只有小学，极少数地区有中学，高等院校几乎没有。由于农村基础教育普遍落后，大多数农民的文化素质相对城市社区居民也较低，用以开展农村社区教育的师资遇到了现实的挑战。社区教育发展具有全员参与的特点，也属于公益事业，农村地区经济发展远没有达到城市水平，能够用于投入农村社区教育的经费非常有限。数字化教学资源不足。教育教学资源的开发与共享是学习型社会的重要特征，相较于较为成熟的城市社区，城镇化建设中的农村社区各类教育资源相互封闭，教育与培训隔离，形成了新的信息壁垒和信息孤岛。

在株洲市社区教育均衡发展的机制下，社区教育经费得到基本保障、社区教育教学设备得到规范化建设、社区教育师资基本实现均衡发展，上述这些问题得到了些许改善，为实现未来社区教育结果均衡奠定了坚实基础。社区教育结果均衡意味着社区教育机构间发展差距极大缩小，也就是株洲市每一位社区居民都能接受教育质量相当的社区教育，实现最大限度的发展。当然，结果均衡以起点均衡和过程均衡为前提，其中教育资源的均衡配置是重点。

综上所述，株洲当前社区教育的发展还有待完善，未来发展方向是要实现株洲全市范围内社区教育的基本均衡，最终实现株洲社区教育的优质均衡与特色发展。项目组希望今后还能继续全方位地研究株洲社区教育均衡发展的策略并全过程地参与到结果的推广和应用中。

参考文献

专著

1. 叶忠海 . 社区教育学基础 [M]. 上海：上海大学出版社，2000.

2. 侯怀银 . 社区教育 [M]. 北京：北京师范大学出版社，2015.

3. 张永 . 社区教育内涵发展论 [M]. 上海：上海教育出版社，2018.

4. 蒋昌忠 . 湖南社区教育发展报告（2001—2018）[M]. 长沙：湖南人民出版社，2019.

5. 王永益 . 社区思想政治教育 [M]. 江苏：江苏人民出版社，2018.

6. 时延春 . 公民政治素质研究 [M]. 郑州：郑州大学出版社，2005.

7. 范军，王振成，王占仁 . 大学生党员培养理论与方法 [M]. 北京：人民出版社，2010.

8. 陈有信 . 教育学原理 [M]. 郑州：大象出版社，1993.

9. 张灿耀 . 现代思想政治教育学 [M]. 北京：人民出版社，2006.

10. 鲁洁，王逢贤 . 德育新论 [M]. 南京：江苏出版社，2002.

11. 檀传宝 . 德育原理 [M]. 北京：北京师范大学出版社，2007.

12. 教材编写组 . 思想道德与法治（2021 年版）[M]. 北京：高等教

育出版社，2021.

13. 夏军，马西恒．城市社区党建：内涵与体系 [M]. 上海：学林出版社，2005.

14. 吕文升，方天培．现代教育学 [M]. 上海：复旦大学出版社，1993.

15. 习近平谈治国理政（第一卷）[M]. 北京：外文出版社，2016.

16. 习近平谈治国理政（第三卷）[M]. 北京：外文出版社，2020.

17. 张丹海，汪明骏．我国社区教育研究 [M]. 北京：中国计量出版社，2010.

18. 杨志坚，张少刚．中国社区教育发展报告（2013—2014 年）[M]. 北京：中央广播电视大学出版社，2015.

19. 安东尼·哈尔，詹姆斯·梅志里．发展型社会政策 [M]. 北京：社会科学文献出版社，2006.

20.T. 胡森，T.N. 波斯尔斯韦特．教育大百科全书教育经济学 [M]. 重庆：西南师范大学出版社，2011.

论文

1. 顾欣荣，朱志梅．论思想政治教育目标的层次性——教育思想政治教育主体的探索 [J]. 教育教学论坛，2017（3）.

2. 李贵敏．论政治素质的内涵与特征 [J]. 理论探索与争鸣，2005（3）.

3. 崔立勇．论思想政治教育的人本性方法论原则 [J]. 辽宁行政学院学报，2013（11）.

4. 黄木生．教育的核心价值是“铸人铸魂”[N]. 湖北日报，2005-10-18.

5. 曹志红. 浅论思想教育在社区思想教育中的作用 [J]. 教师，2018（18）.

6. 郝利荣. 社会主义核心价值观融入社区治理研究 [J]. 法制与社会，2019（26）.

7. 金子涵. 把社区建成心理健康服务第一阵地 [J]. 民生周刊，2021（18）.

8. 廖海娥. 新时期社区思想政治工作的几点建议 [J]. 环球市场，2018（24）.

9. 马奇柯. 社区思想政治教育机制优化规律探析 [J]. 中共济南市委党校学报，2007（3）.

10. 林家彬. 我国社会治理的发展历程与未来愿景 [J]. 中国发展观察，2018（19）.

11. 缪力炜，濮民强. 社区教育工作者应具备的专业素养 [J]. 考试周刊，2014（94）.

12. 张娜娜. 社区教育经费投入问题分析及对策研究 [J]. 亚太教育，2015（10）.

13. 孙梦婵. 论新时代思想政治教育主要矛盾 [J]. 思想政治教育研究.2019（1）.

14. 宁玲. 关于加强社区文化建设的思考 [J]. 中国石油大学胜利学院学报，2007（3）.

15. 高红霞. 城市社区党建区域化模式的研究——以呼和浩特市新城区为例 [D]. 呼和浩特：内蒙古大学，2012.

16. 官华，杨钋. 社区教育政策执行差异性研究 [J]. 职教论坛，2018（9）.

17. 路宝利，张之晔，吴遵民. 构建服务全民终身学习教育体系的本质思考——基于“自我导向学习”的视角 [J]. 现代远程教育研究，2021（8）.

18. 桑宁霞，任卓林 . 终身学习服务体系整合效应研究 [J]. 中国成人教育，2021（17）.

19. 杜幼文 . 社区教育的社会效益评价问题 [J]. 现代远程教育研究，2012（6）.

20. 厉以贤 . 社区教育的理念 [J]. 教育研究，1999，20（3）.

21. 谭景哲 . 社区教育融入社区治理路径研究：以上海市为例 [J]. 职教通讯，2018（13）.

22. 习近平 . 关于《中共中央关于全面深化改革若干重大问题的决定》的说明 [N]. 人民日报，2013-11-27.

23. 习近平 . 关于《中共中央关于坚持和完善中国特色社会主义制度推进国家治理体系和治理能力现代化若干重大问题的决定》的说明 [N]. 人民日报，2019-11-6.

24. 刘华锦，叶正茂，钟南聪，等 . 新市民参与社区教育治理的现状与分析：以成都市龙泉驿区为例 [J]. 教育与教学研究，2021（7）.

25. 李守新 . 地方电大开展社区教育的思考 [J]. 河北广播电视大学学报，2013（3）.

26. 王林艳，喻辰捷 . 协同治理视域下社区教育治理的运行机制构建 [J]. 中国成人教育，2019（15）.

27. 王燕枝，王韵睿 . 社区教育融入深度社区治理：精准供给机制的探索 [J]. 成人教育，2020，40（2）.

28. 朱潇俏 . 强化社区教育推进新时代社区治理 [N]. 新湖南，2020-11-26.

29. 黄健 . 社区教育：在基层社区治理中拓展新功能：基于上海案例的思考 [J]. 高等继续教育学报，2015（5）.

30. 李晓婷，窦瑞娜 . 以社区教育优化社区治理 [J]. 人民论坛，2019（18）.

31. 程仙平 . 社区教育融入社区治理的机理与策略 [J]. 河北师范大学

学报（教育科学版），2017（3）.

32. 周延军 . 社区教育深度融入社区治理的路径探析 [J]. 人民论坛，2020（24）.

33. 朱忠彪 . 区域党建与社区教育融合发展的理论基础与协同推进 [J]. 湖湘论坛，2020（4）.

34. 朱忠彪 . 新时代思想政治建设融入社区教育发展的价值、现状与路径 [J]. 湖湘论坛，2022（3）.

35. 朱忠彪 . 国家治理视域下基层治理与社区教育融合研究 [J]. 湖南工业大学学报（社会科学版），2022（1）.

36. 国卉男，赵华，李珺 . 比较视野下社区教育的均衡化发展 [J]. 中国远程教育，2019（3）.

37. 李燕 . 国外社区教育均衡化发展的经验及其价值 [J]. 继续教育研究，2019（4）.

38. 李明旭，邵晓枫 . 我国社区教育均衡发展：问题与改革路径 [J]. 职教论坛，2020（7）.

39. 王晓娟 . 丹麦民众教育研究 [D]. 沈阳：辽宁师范大学，2011.

40. 郝理想 . 美国社区学院的重塑之路——社区学院“引导路径”改革的进展与挑战 [J]. 比较教育研究，2018（3）.

41. 娜仁高娃 . 制度效应下日本社会教育的理论转向——兼论制度和理论的互涉关系 [J]. 日本问题研究，2018（6）.

42. 李艳云 . 北欧民众教育的成功经验及启示 [J]. 成人教育，2014（2）.

43. 张哲华 . 美国社区学院教育国际化：历程、措施及启示 [J]. 职业技术教育，2018（16）.

44. 李婷，彭小飞 . 新时代城乡社区教育均衡发展的机制研究——基于宁波 4 个典型社区的调查 [J]. 教育学术月刊，2018（4）.

45. 王艳平，葛正鹏 . 期盼与现实：我国社区老年教育问题研究 [J].

宁波广播电视大学学报，2018（3）.

46. 高志敏 . 迈向交集：论社区治理与社区教育 [J]. 教育发展研究，2015（23）.

47. 翟博 . 教育均衡发展：理论、指标及测算方法 [J]. 教育研究，2006（3）.

48. 谭娅 . 对我国专项转移支付改革的研究 [D]. 北京：财政部财政科学研究所，2014.

电子资源

1. 广东省政研会课题组 . 新时代加强和改进社区思想政治工作 [OL]. 理论频道 . 人民网 .（2018-02-02）[2021-06-27]http://theory.people.com.cn/n1/2018/0202/c40531-29802969.html.

2. 中国共产党第十九届中央委员会第四次全体会议公报 [EB/OL].（2019-10-31）[2020-02-20].http://www.xinhuanet.com/politics/2019-10/31/c_1125178024.htm.

3. 中央办公厅关于加强和改进城市基层党的建设工作的意见 [EB/OL].（2019-05-28）[2020-01-30]http://www.mca.gov.cn/article/xw/tt/201905/20190500017234.shtml.

4. 教育部等九部门关于进一步推进社区教育发展的意见 [EB/OL].（2016-07-25）[2020-01-20]http://www.jyb.cn/info/jyzck/201607/t20160725_666607.html.

5. 中国共产党第十九届中央委员会第四次全体会议公报 [EB/OL].（2019-10-31）[2021-7-20].http://www.xinhuanet.com/politics/2019-10/31/c_1125178024.htm.

6. 教育部 . 高校思想政治工作质量提升工程实施纲要 [EB/OL].

（2017-12-4）[2021-7-20].http://www.moe.gov.cn/srcsite/A12/s7060/201712/t20171206_320698.html.

7. 中共中央国务院 . 关于加强和改进新形势下高校思想政治工作的意见 [EB/OL].（2017-02-27）[2021-7-20].http://www.gov.cn/xinwen/2017-02/27/content_5182502.html.

8. 蒋篁 . 浅论思想政治教育与社区文化建设 [DB/OL].（2021-12-03）[2022-04-20]. 人人文库 .https://www.renrendoc.com/paper/171472224.html.

9. 教育部等九部门关于进一步推进社区教育发展的意见 [EB/OL].（2016-07-29）[2021-7-20].http://www.moe.gov.cn/jyb_xwfb/xw_fbh/moe_2069/xwfbh_2016n/xwfb_160729/160729_sfcl/201607/t20160729_273300.html.

10. 教育部等九部门 . 关于进一步推进社区教育发展的意见 [EB/OL].2016-6-28.http//www.moe.edu.cn/srcsite/A07/zcs_cxsh/201607/t20160725_272872.html.

后 记

壬寅年七月流火季，三年笔耕的《新时代社区思想教育概论》一书，终于成稿付梓，轻松之余，感慨万千。

30多年前，巍巍麓山下、浩渺湘江畔，著者就读于湖南师范大学政治系，主修思想政治教育专业，立志潜心向学，执鞭一生。毕业后一路砥砺前行，虽单位、部门、岗位和职业身份在不断变化，但始终初衷未改、初心未变，始终未离开思想政治建设主战场，既在中国有色金属工业总公司直属企业党校担任过马列主义理论教员，又长期在株洲市委机关从事基层党建实务和研究，曾主编《株洲党建》和《株洲组织工作》两个市级党内刊物，后在三甲医院任党委书记近十年，知天命之年再回到教育系统专门从事社区教育工作。其间，先后在省级以上学术刊物发表论文20余篇，被评为“全省深入学习实践科学发展观活动先进个人”，省政府记一等功，被评为“国家开放大学杰出创业者”“全省社区教育先进工作者”“全省优秀创新创业导师”，是中组部“全国党建研究人才库”入库人选、“湖南省社区教育专家库”入库人选、株洲党建研究会理事、株洲职业技术教育协会副会长。

作为一名基层党务工作者、社区教育者和理论工作者，近年来，著者结合多年党建工作的所思所悟和社区教育的所想所得，专门就

"新时代社区思想教育"作了比较全面的研究，并主持完成省级社区教育专项课题两项，以主要参与者完成社区教育专项课题三个，独撰的课题阶段性成果论文多篇在国家级核心期刊发表。

《新时代社区思想教育概论》的内容源于著者对新时代社区思想教育的基本认识，之所以定位为"概论"，一方面是因为新时代社区思想教育还是一个新事物，很多提法还带有探索性、尝试性，本书只是提纲挈领地提出了基础性的理论命题。另一方面，新时代社区思想教育不仅是社区教育内涵发展的新课题，也是思想教育的一个全新领域，学界对新时代社区思想教育的研究资料乏善可陈，本书的研究论述还比较宽泛，研究专题细分还比较浅表。

本书的内容结构包括章节安排，反映了著者的探索历程。本书各章节的使用和发表情况如下：

《自序》《绪论》《概念与内涵篇》《矛盾与方法篇》之内容与观点，是相关纵向或横向课题研究的阶段性成果，曾用于社区教育的相关教学讨论、培训或会议发言。部分内容见于著者主持完成的湖南开放大学2020年度科研重点课题"思想政治建设融入社区教育发展机理研究"（XDK2020-A-19）、2020年度湖南省职业教育教学改革研究项目"社区教育均衡发展策略研究"（ZJSB2020021），并在株洲社区教育实践中逐步由理论向实操中推广应用。

《研究与探索篇》部分内容发表于公开出版的学术刊物中。其中，第七章以《区域党建与社区教育融合的理论基础与协同推进》为题发表于《湖湘论坛》2020年第四期；第八章以《新时代思想政治建设融入社区教育发展的价值、现状与路径》为题发表于《湖湘论坛》2022年第三期；第九章以《国家治理视域下基层治理与社区教育融合研究》为题发表于《湖南工业大学学报（社会科学版）》2022年第一期。

《实践与案例篇》是近年来株洲市社区教育的实践成果总结，主要用于会议交流和创建社区教育品牌经验交流。其中，第十章以《统筹推进，融合发展，用系统思维高质量抓好新时代株洲社区教育》为题在“2021年度长株潭终身教育论坛”上交流发表；第十一章部分内容以“幸福芦淞·家文化”建设项目参评“全国终身学习品牌”为契机，在2020年度湖南省“全国全民终身学习活动周”启动仪式上交流。

附录部分是著者主持完成的2020年湖南省职业教育教学改革研究项目“社区教育均衡发展策略研究”的项目研究报告。

著者在撰写本书的过程中，得到了多方面的支持与帮助，参阅了大量的社区教育、思想教育相关文献资料，在书稿的立意、内容的布局上受到了很多启发，书中也不乏对他人论文观点、论著内容的引用、参考与借鉴，在这里一并致谢！特别要感谢湖南开放大学原党委书记陈建民教授，湖南开放大学终身教育指导服务中心主任吴晓波教授，湖南省委党校王习贤教授、谭桔华教授，湖南工业大学傅丽华教授的悉心指导。株洲开放大学副校长唐曦之副教授、株洲开放大学办公室徐云翔主任、教务处高级会计师宋燕主任、终身教育办公室主任黄笑鹤副教授、培训学院王坚主任，株洲市芦淞区社区学院杨立新院长，株洲开放大学蒋雯老师，在资料素材收集、文稿校对和相关课题研究方面给予了大量的无私帮助。本书的出版也得到了株洲开放大学的重点支助，一并表示衷心感谢！

著者撰写出版本书的动机和初衷，是要为社区教育内涵发展提供一种方向性的新思路，为社区教育工作者在新时代社区教育实践中提供创新性的思维，借以引起社会各界对新时代社区思想教育这个课题的重视与关注，为广大社区教育实践者提供参考与借鉴。不足之处，恳请方家批评指正。

朱忠彪

2022年7月